《大河桑干》系列

归去来：永定河纪行

GUI QU LAI
YONG DING HE
JI XING

——张凯然 著

中国出版集团
中国民主法制出版社 | 全国百佳图书
出版单位

图书在版编目（CIP）数据

归去来：永定河纪行 / 张凯然著. —
北京：中国民主法制出版社，2021.1
ISBN 978-7-5162-2450-2

Ⅰ.①归… Ⅱ.①张… Ⅲ.①永定河 – 介绍 Ⅳ.

中国版本图书馆 CIP 数据核字（2021）第 018765 号

图书出品人：刘海涛
出 版 统 筹：石　松
责 任 编 辑：张佳彬　刘险涛

书　　　名／归去来：永定河纪行
作　　　者／张凯然　著

出版·发行／中国民主法制出版社
地址／北京市丰台区右安门外玉林里 7 号（100069）
电话／（010）63055259（总编室）　63058068　63057714（营销中心）
传真／（010）63055259
http://www.npcpub.com
E-mail: mzfz@npcpub.com
经销／新华书店
开本／16 开　787 毫米 × 1092 毫米
印张／17　字数／248 千字
版本／2021 年 3 月第 1 版　2021 年 3 月第 1 次印刷
印刷／北京卓诚恒信彩色印刷有限公司

书号／ISBN 978-7-5162-2450-2
定价／58.00 元
出版声明／版权所有，侵权必究。

永定河上源（涿鹿段）

永定河上源（涿鹿段）

桑田花海

瀿水园

永定河源头

永定河源头（桑干河、洋河交汇处）

官厅水库

妫水河（永定河支流）

永定河（百里山峡段）

永定河入海口（天津北塘）

天皇山

古崖居

妙峰山

门城湖畔

什刹海

南海子

爨底下

三家店

千军台

灵水

沿河城

马栏

琉璃渠

京西古道

14

潭柘寺

马致远故居

鸡鸣驿古城

卢沟桥

郭守敬纪念馆 长辛店

"二七"纪念馆 留法勤工俭学旧址

序

大河东流，鸿蒙造化。造就瀚海金湾、滋养远古人类，开创中华文明、孕育古都北京。永定河，一条伟大、卓越而超凡的河流。综观整个永定河流域，它流经了京津冀晋蒙五个省区市，全长747千米，全流域面积4.7万平方千米，涉及人口达到了1400万。

桑干河、永定河同属一脉，涿鹿作为与北京毗邻的永定河上游地区，人文鼎盛，物产丰饶。在这里，桑干河渐宽的水域形成一片肥沃的冲积平原，流域面积达1209平方千米，因此自古就有"千里桑干，唯富涿鹿"之说，也使这里历史上就成为富庶一方的"瓜果之乡"。

一条河流哺育生民，一条水脉滋养文化。的确，这条水脉之于涿鹿，上可溯相传约5000年前"涿鹿之战"，下可循现代丁玲生花妙笔。这种历史的眷顾，这种千百年来来自河水的哺育，让我们对感恩和回哺这两个词语有着更加深刻的理解和认识。今天，致力于这条水脉的修复和文脉的传承，已成为每位涿鹿人的共识和义不容辞的责任。我们也正在将"桑干之水"作为城市之脉，

把"太阳照在桑干河上"作为城市重要名片进行倾力打造。

　　当前，保护这条河流，致力于永定河流域综合治理与生态修复，是我们贯彻习近平总书记提出的"望得见山、看得见水、记得住乡愁"的可持续发展理念的生动实践；是构筑京津冀绿色生态屏障的需要，是京津冀协同发展的需要。它对于服务和助推张家口"两区"建设，进而有序推进永定河上下游、干支流、左右岸协同治理，争取早日将这条河恢复为"流动的河、绿色的河、清洁的河、安全的河"具有重大意义。

　　当然对于一条河流的保护与修复，不仅需要我们脚踏实地做一些实实在在的事情，更需要我们的宣传文化部门、我们的作家文艺群体和广大文学爱好者的鼓与呼。唯此，才能进一步提高我们的文化认同感，提高我们护河、爱河的责任感、使命感，以及拥有这条河流的自豪感。

　　几年来，我欣喜地看到我们的宣传文化部门及一批土生土长的作家和文学爱好者正在薪火接力，不断将我们的大河文化发扬光大。特别是在县委宣传部的大力支持指导下，县广播电视台的媒体人肩负历史责任和使命，不遗余力推动对这条河流历史文化的宣传弘扬工作，先后拍摄了《桑干行》《涿水鹿山话桑干》《永定行》等融媒体作品，此书的作者张凯然同志正是基此沿河行走的经历，在 2018 年出版《大河桑干》的基础上，厚积薄发终成此书。

这本书共分为上、中、下三个篇章。上篇"雪泥鸿爪"按照时间顺序，以沿河行走所经过地域线性铺开，主要是作者的一些见闻、随想和感受；中篇"在河之洲"以永定河的历史发源、对北京城的影响和作用、永定河的水利灌溉、漕运价值、治水历程、因河而生的古渡与古道、永定河畔的红色故事以及这条河流跌宕起伏的历史命运为主要内容，从九个方面进行讲述；下篇"曲岸流觞"主要介绍永定河及其支流妫水河、清水河畔的自然地理风貌、名山秀水、人情风土、民间艺术等。

"永定桑干一线牵，协同发展在路上"。北京—涿鹿，山脉相拥、水脉相连、文脉相通，北京市也正在大力推进西山永定河文化带建设，这与我们大力推动的桑干河文化带建设高度契合，一脉相承、休戚与共。在继续强化与北京市各城区特别是门头沟区对接合作的大背景下，此书的出版，将成为推进东西部协作、深化涿门两地文化交流的有效形式和载体。

当前，奋进中的涿鹿已进入由"信心重振"向"形象重造"蜕变，由"动能重组"向"格局重构"嬗变，由"体制重建"向"品质重塑"蝶变的历史新阶段，我们正牢牢抓住京津冀协同发展、冬奥会筹办、"首都两区"

建设等重大机遇，全力打造"卫星新城、品质涿鹿"，加快构建"两带三区四园五廊"的生态保护格局，努力使绿色成为涿鹿的城市底色、发展主色和鲜明特色！

"且持梦笔书奇景，日破云涛万里红"，我相信，只要我们勠力同心，矢志不渝，我们心向往之的美好梦想必将成为现实。

中共张家口市涿鹿县委书记

2021 年 3 月

上篇 · 雪泥鸿爪

中篇 · 在河之洲

下篇 · 曲岸流觞

雪泥鸿爪

"人生到处知何似，应似飞鸿踏雪泥。"
我们是归去来兮的鸿雁，踩着永定河的裙
角，轻捷地俯飞。我们亮羽在神秘的州城、
绚丽的古建、读不懂的举人村。看到了迷
惘的致远、隔空的徽宗……

上篇

仓惶客 01

『量中华之物力，结与国之欢心』成为她逃亡路上最『优雅』的陈述。

难眠的月夜，风里多少呜咽

她是这驿城里最尊贵、却又是最狼狈的客人。风雨飘摇的永定河畔，驿城，不过是一叶孤舟。载不动、太多愁。

时至今日，鸡鸣驿并不以她为荣。百余年前的往事如一面镜子。以古为镜，可以知兴替。

——题记

月黑风高，和平的夜平和，战争的夜忐忑。

公元1900年8月20日（光绪二十六年七月二十六日），鸡鸣山驿，京西第一驿站。此刻，灯火通明的城上戒备森严，人头攒动，亮如白昼。一队队清兵在城墙的马道上来回穿梭巡逻，不敢有丝毫懈怠。秋夜的蚊虫、飞蛾也似乎很难适应这紧张闷憋的空气，一团团、一簇簇，蜂拥着，肆虐地狂舞回旋在灯球火把间。

鸡鸣山驿，明永乐十八年（1420）置驿，十七年筑堡，经明清两朝不断修缮，终成周回1800多米，占地22万平方米的京西重驿。不过早在清康熙三十二年（1693），山驿已经脱离军管，裁去了最后一名驿卒。而今夜的城上却突然多了这些表情僵硬的神机营官兵，一个个正紧绷着脸，不停地张望、瞭望。也难怪他们紧张，因为今夜，他们追随护卫的主子住进了驿城内的贺家大院，他们必须打起一百二十分的精神来为这个女人守夜。

几天来，从北京惊恐逃亡，慌不择路、饥寒交迫。此刻疲惫不堪的他们甚至顾不得想想守护这样的女人还值不值得？只是在心里将双手默默合十，虔诚祈祷。希望今夜"毛子"不会追来，刺客不会袭扰，一切平平安安。

夜色凄迷，秋风呜咽。此刻，驿城内最阔气的宅院——贺家大院西厢房里，布衣椎髻的长脸女人丝毫没有睡意，刚刚冷月拨云斜照窗棂又转瞬遁去，亦如她片刻安稳后又重新发酵的心绪。国破、奔逃、苟安，前路未卜……想到这些，她眉头紧锁，脸色愈加阴郁。

这已经是她第二次出逃了。第一次出逃是在 40 年前，她才 25 岁，论身份，仅仅是皇宫里的懿贵妃。

那一年，两万多英法联军虎视眈眈进逼皇城，大清朝的顶梁柱、科尔沁亲王僧格林沁率军先后在大沽口、八里桥与联军苦战，却是败多胜少，尤其是八里桥一役，参战的清兵全军覆没，京师门户大开。

面对危局，她腿软的丈夫咸丰皇帝在群臣的一片反对声浪中，仍旧一意孤行，以"巡幸木兰"为由，到圆明园安佑宫先帝遗像前匆匆行礼后，便带着她等一众从圆明园后门匆忙逃往承德。

那一年，她花信年华，腔血尚热。当时，听到丈夫要出逃的消息，她冒着被砍头的风险力劝夫君，慷慨陈词："皇上在京可以震慑一切，圣驾若行，则恐宗庙无主，恐为夷人蹂毁。昔周室东迁，天子蒙尘，永为世人之羞。今若弃京城而去，辱没甚焉。"这劝诫可谓至情至理，豪气干云。

40 年后的今天，她虽弗如丈夫的根纯苗正，却也权倾天下，尊号慈禧，垂帘听政，成了比皇上更大的腕儿。可她却又重蹈了丈夫的覆辙。是巧合？是宿命？还是必然？如果说彼时的承德之逃只是舟车劳顿的话，那么这次她可是遭了大罪。

半个多月来，危如累卵的大清又遭到了重创。8 月 4 日，八国联军由天津进犯北京，一路长驱直入，几乎没有受到像样的抵抗，13 日已逼至北京城下，朝阳门、东直门先后告急。英军率先由广渠门窜入，14 日，城破！8 月 15 日清晨 6 点，在得知联军已经攻下东华门后，惊慌失措，已经 65 岁的她带着光绪皇帝及大阿哥溥俊等抛下沦陷的京城仓皇出逃。

逃，总不能说逃跑吧？怎么也须得找个名正言顺的托词，一可糊弄子民，二莫让历史污了"清白"。其实这些在她心里早有盘算，就效仿丈夫继续打猎

吧，不过这次换个方向，西狩，到西边打猎去！

她也想过去东北，毕竟那里是先祖发家的地方。可是此时的邻居"大鼻子"已不地道，除参加八国联军外，还单独出兵，调集18万军队，分六路大举入侵东北，现在正向着大清的龙兴之地——盛京进发。她亦想过逃往富庶的江浙湖广，可是那里是汉人的天下，而此时南方的两江总督刘坤一、湖广总督张之洞、两广总督李鸿章、闽浙总督许应骙、四川总督奎俊、铁路大臣盛宣怀、山东巡抚袁世凯已经不听号令，还悄悄地与各个参战国达成了互不侵犯的"东南互保"协议，你说气人不气人？这样她更不敢向南方逃了。所以，她无从选择，只能西逃。西安毕竟有坚固的城墙和众多满人组成的强大保皇派，跑到那里，心里还算踏实。

夜深了，辗转反侧的慈禧仍毫无睡意，又坐了起来，她看见对面厢房内人影憧憧，想来她的外甥，光绪帝也没有入睡。就在出逃前，她处死了自己最讨厌却是光绪帝最宠爱的珍妃，不知道这位皇帝一旦亲政，她这个老太婆会是怎样的下场？想到这些，她心里突然一紧。过一会儿她又想起了这几天食不果腹、急不择途的逃难生活，原本松弛的嘴角更加下撇，又是一阵心酸。

自出逃以来，她先是被一场大雨淋成了落汤鸡，后又被马车颠簸得近乎散了架。连日风餐露宿，所过之处，百姓逃难，商铺闭户。他们只能住破庙、睡土炕，狼狈不堪。生活物资更是匮乏，没有被子，连一件换洗的衣物都没有，就连吃饭也成了问题。没有食物也就罢了，喝水也成了困难，终于寻到水井了却没有取水工具，甚至井里还浮着个人头。没办法，他们只能嚼些田里的玉米秆子解渴。甚至有一天晚上只觅得一板凳，她和皇帝贴背而坐，仰望达旦。真叫一个惨！

好在天无绝人之路，在榆林堡他们遇上了前来接驾的怀来知县、曾国藩的孙女婿吴永，这小子还真是忠义可嘉，她再也忍不住一腔的委屈，涕泪交加地哭诉起来："予与皇帝连日历行数百里，竟不见一百姓，官吏更绝迹无睹。今至尔怀来县，尔尚衣冠来此迎驾，可称我之忠臣，我不料大局坏到如此。"今天听来，落魄到如此程度，真是让人哭笑不得。喝了吴永好不容易搞来的小米绿豆粥和鸡蛋，肠胃总算熨帖许多。而今夜她又住进了这雕梁画栋的五进连环院里，也算是出京以来最优越的"行宫"了。想到这里，她必须强迫自己赶快入睡了，明天还得赶往宣化府，继续自己的逃亡之路。

嵯峨鸡鸣山，悠悠永定河，空旷的荒野荡起秋凉。晨风钻进山林，刺破逃难百姓褴褛的衣裳。与此相隔逾百公里的北京城里，王朝气象幻成如血残阳。意犹未尽的八国联军从废墟中醒来，用沾满血腥味的大手揉着惺忪的蓝眼睛，又开始策划邪恶的劫掠计划……

天放亮了，慢慢洞开的城门吱呀呀作响。歪歪斜斜的队伍又要出发。上谷干道上，尘土开始飞扬。这条古道，曾经是那样的壮怀激烈，虎贲突进，势如破竹。公元前129年冬，西汉车骑将军卫青从这里出兵，出长城七百里，直捣匈奴龙城（一说是现今内蒙古赤峰市附近、一说是今蒙古国中部地区）；唐贞观四年（630），唐太宗李世民令李靖、尉迟恭从长安出师塞北经这里出击突厥大获全胜；也是在这条干道上，大清的先帝爷康熙率兵几十万挥师北上，三次亲征噶尔丹，噶尔丹战败死去，准噶尔汗国的实力也遭受重创。如今，谁又能想到这条曾经王旗猎猎，战马嘶鸣，兵车辚辚的古道上，颓然而行的是落荒的"佛爷"和皇上。

她丢下了满目疮痍、支离破碎的京华，抛下了流离失所的百姓和那些不知所措却忠贞犹在，以身许国的臣下，逃得决绝，令国人失望。古道漫漫，而前面等待她的又会是什么呢？

"还能再回来吗？"慈禧掀起轿帘回首东望，颓然长叹。

翻开历史，"量中华之物力，结与国之欢心"成为她这次逃亡路上最"优雅"的总结和陈述。

王朝落魄，日暮途穷。呜呼哀哉！

水下有座城

02

月亮岛上的柳杨，
可是受了城砖浆泥
的滋养？卧牛山下
老者，鱼钩那端连
着的可是故乡？

潮起，述说；潮平，缄默

湖光淼杳，青山夹岸。心随浪动，如花绽放。可是，伫立湖畔的您是否了解这片水域的前世今生呢？如果是，那沧海桑田的感悟是否会更加深刻？

选址、筑城、发展、繁荣，鼎盛后繁华落尽，归于沉寂，湮于尘埃。"一城一世一别离"，这是中国古代大城小邑的宿命。当然，也有一些大都市由于地理位置、生存环境的优越，往往会被新生的王朝屡屡选定，在消失的当口甚至沦为焦土后又涅槃重生，直到今天依然风光无限。比如北京、西安、洛阳、南京。

而那些消失于大中华版图上的中小城市却也会让人偶尔想起。比如古老的邺城、齐国的临淄城、楚国郢城、北宋晋阳城等。就拿曾经显赫一时的邺城来说，其遗址主体大致位于今河北省临漳县境内，初建于春秋时期，先后是曹魏、后赵、冉魏、前燕、东魏、北齐六朝都城，战国时西门豹为邺令，治河投巫的故事传为佳话；曹魏时，在此建起了著名的三台，即金凤台、铜雀台、冰井台。杜牧的"铜雀春深锁二乔"即源出于此。邺城居黄河流域，政治、经济、军事、文化中心长达四个世纪之久，最后毁于隋文帝杨坚的一把大火。位于永定河流域的汉代高柳县城、赵国代郡开阳堡，也与这些城市一样，有着同样的归宿，起于累土，最后又终成犁铧沃土，沉寂于地下，完成一座城邑的使命和轮回。

不过，有些城邑却有着迥异的命运，它们的归宿属于江河湖海。当我抛出这个话题的时候，您在讶然后一定会想到那些在洪水面前无法逃遁的城市。是的，在与大自然的角力中，人们用粗糙大手，以土石堆垒起的城郭往往不堪一击。水来城没不免徒增叹惋，所以还是不说也罢吧。那么就让我提及当代一些为了江河永安、趋利避害、百姓无虞而主动放弃的城邑吧，虽亦惋惜，却也有所慰藉。诚如这冀北官厅湖底似乎并不出众的县城——怀来古城。

翻阅历史的书卷，早在舜设十二州时，怀来冀州古地已有烟炊；到春秋战

国时期，此地属燕国上谷郡；秦分天下为三十六郡时，怀来是上谷郡沮阳县，郡治设地便是沮阳。进入汉代后，飞将军李广、大将军霍去病都曾担任过上谷郡太守，足见帝王们对这块土地的重视。

怀来城的始建时间大约在武则天垂拱年间（685—688），当时突厥骑兵大肆入境烧杀劫掠，唐王朝便在卧牛山下筑清夷军城即怀来城以固太平。元代再土筑城垣。至元、明、清时期，怀来县城西通晋蒙，东达京津的军事要塞作用日渐凸显。《怀来县志》载，"怀来虽区区百里，而西屏宣镇，东蔽居庸，北当枪竿、滴水崖之冲，南护白羊、镇边城之险，前代列戍屯兵，视为重镇"。又说："宣镇厄要之区不在镇城，而在怀来。"因此该城先后在明洪武、永乐、景泰、万历年间进行重修和扩建，清乾隆、同治年间又进行三次大修，在沉没于湖底前城垣仍保存得相当完好。

据记载，怀来城依山势地形而建，西、南城墙建在平原，东、北两面城墙则建在山上。古城雄阔威仪，周长七里二百二十二步，高三丈四尺。城垣上筑城楼3座，角楼3座，铺舍与敌楼均有20余座，垛口近千。东、南、西开3个城门，名曰"明靖""迎恩""永安"，各有瓮城拱卫。城墙外侧建有壕沟，深阔各一丈。城内街衢井然，屋舍栉比，四通八达。东、南、西、北四条大街连接田家巷、武庙巷、东岳庙巷、城隍庙街等近20条街巷。南大街县衙建筑群规模宏大，广慈寺内还建有供皇帝驻跸的行宫，康熙帝御驾亲征和西巡时曾多次住在这里。

城东妫水河上始建于元代的古石桥，是上都（开平）到大都（北京）干道上的重要桥梁，桥洞11孔，桥头两端放置四头铸铁镇水牛，体态肥硕，栩栩如生。

古城东牛角山上的泰山庙，宫殿楼阁六七尺，金碧辉煌，穷工极巧。每逢四月十八，倾城仕女诣东门外小山，上泰山行宫进香。山上"旌旗仪仗，高照锦益，金鼓箫笙"。足见当时的盛况。

元代文学家揭奚斯过怀来城时留下了"落日开平路，怀来古县城。数家帷土屋，万乘有行宫。雪拥关山壮，尘随驿马轻。长桥人并立，还爱此河清"的赞誉。这里"东郊雨霁、西岩月落、南山叠翠、北岭凌云"的美景不知陶醉了多少才子佳人、行商客旅。

"舞榭歌台，风流总被雨打风吹去。"遗憾的是怀来县城在辉煌之后却没能留下太多印迹年轮以资回味。在 20 世纪 50 年代，出于下游安全考量、拦洪调蓄需要，官厅水库开始规划建设，城内住户只能全部搬迁另择新园，古城最终与这山川作别，悄然沉于湖底。这座古老的县城成了怀来人无法触摸的乡愁。也正是由于它的奉献，才使百废待兴的中华人民共和国建起了第一座大型山谷水库——官厅水库。

无独有偶，在与河北省怀来县相距 1500 多公里的浙江省淳安县，两地虽域分南北，却有着同样的命运和故事。

今天的淳安县隶属杭州市，是浙江省面积最大的县，县府所在地千岛湖镇。而历史上，这个春秋时期的吴越之地、战国楚地是分为淳安、遂安两个县治的，治所分别为贺城和狮城。瞧，多么文艺的名字。

贺城为淳安古城，始建于公元 208 年。此城不仅有 1000 多年县城历史，也有 400 多年的郡城历史。东汉的新都郡、西晋的新安郡、隋代的遂安郡，郡治都在贺城。作为浙西重镇、徽商商路枢纽，贺城自古商贸繁华，商业气息浓郁。11 条大街中 6 条街都是商铺，上直街和北门街这两条街是赫赫有名的"大商号"。据说贺城还有七条巷，下官贤巷的"郑氏宗祠"底蕴深厚，颇有名气。

狮城为遂安县城，建于唐武德四年（621），晚于贺城。因背依五狮山而得名。狮城水陆交通便利，上溯徽州，下达杭城，洪秀全之弟洪仁玕曾率太平军驻军北门。狮城城内名胜古迹众多，有明清时期古塔、牌坊及岳庙、城隍庙、

忠烈桥、五狮书院等古建筑，如此灵秀之地自然人居和谐，子孙昌旺，形成了王、汪、胡、方、余、姚、黄等七大姓氏家族。

同样，在官厅水库建成 3 年后的 1957 年，中华人民共和国独立自主建设的第一座大型水力发电站——新安江水电站开工，淳安、遂安两县 1377 个自然村展开移民。水来城没，贺城、狮城慢慢浸于千岛湖底。

幸运的是在多年以后，当人们探访这片水域，惊讶地发现这两座县城依然不曾死寂，在幽幽水底荡着古韵。尤其是在距水下 30 米深的古狮城里，借着潜水灯的光晕，狮城呈现给潜水员的是一个梦幻般的璀璨世界。只见气势宏伟的拱形西城门还完好地耸立在水中，宛若龙宫仙境。推开木制城门，上面的铆钉和铁环犹存，镶嵌在湖底淤泥中瓦当上"光绪十五年制"的字样清晰可辨。由此，狮城、贺城同英国的邓尼奇镇、意大利那不勒斯巴伊市等一同入选世界上 10 座沉没的著名城市。

南方富庶，自然建筑品质极佳，实用性、观赏性兼顾，耐得波折；北国苦寒贫瘠，多重于实用，况且历史上的怀来古城偏于军事防御，城区建筑自无法比拟于江南。说实话，对于 60 年前那段移民史我了解甚少，对于城区架构，也只是凭借典籍文章觅得寥寥数语罢了。不过我想，倘是今天真要探访水下的怀来古城，除了城墙的断壁残垣外，想必绝无如获至宝的惊喜吧？况且又有几人能为兴致所驱，拿出财力物力一试以博众欢？

这座古城注定是要一直平凡和寂寞下去的。

走近今天的官厅湖，如绢湖面铺展于华北大地，烟波浩渺，水阔峰低，风车摇曳，渔舟唱晚，散发着北方湖泊质朴而静谧的独特魅力。历史就这样被尘封在湖底。一席湖面分割出水上水下两个世界，水上江山如画，水下幽然寂寞。借问岸畔渔家多年见闻，言说常有那些移民子弟往来这里，码头沉思或泛舟湖上，抑或垂钓陶然，湖畔小酌。他们爱这片湖，也念着那座城。我突然想起，月亮岛上那下半截已浸于水底的亭亭柳杨，可是受了城砖浆泥的滋养？卧牛山下常来垂钓的老者，鱼钩那端连着的可是他梦里的故乡？

起风了，潮乍起，云飞扬。那涛声，是怀来古城也是狮城、贺城的述说。遥想当年，新安江水电站上马，每年平均发电18亿度，相当于当时14个浙江省的发电容量，极大地推动了中华人民共和国的各项经济建设；官厅水库作为新中国成立后修建起的第一座大型山谷水库，确保了下游京畿重地的防洪安全，对工农业生产起到了重要作用。一座老城换来安澜千里，一座老城换得润泽京华，让我们感谢这些把最后的"积蓄"都奉献于这块热土的生民和城市吧。

常想起，莫相忘！

可汗州 03

奔途漫漫，月黑风高，截杀重重。战马啸兮破残夜，五更霜剑会锋刀。

与其为奴，不如逃离

一

《辽史·地理志》载："可汗州，清平军，唐妫州，五代奚号可汗州，太祖（耶律阿保机）因之。统县一：怀来。"《隆庆志》曰："妫州，五代时奚王所据，号可汗州。"

隐于山坳，凿石而居，青山环围，湖滨相望。京西河北省怀来县天皇山麓石窟群，据说这里就是辽代之前奚人可汗州州府的所在了。

说起可汗州，我们还得从中国北方古代的一个民族——奚族讲起。奚族原来叫库莫奚族，库莫奚一词源于鲜卑语音译，在蒙古语中意为"沙""沙粒""沙漠"。据此推测，他们的生长地可能多是沙漠。库莫奚族源出东胡，为鲜卑宇文部之后，他与后来建立大辽王朝的契丹本是同族异部，在北魏登国年间"分背"后，才各自形成一族。到了6世纪下半叶，也就是隋朝时期，省去库莫，此后单一的"奚"字便成了族称。

4世纪中叶至7世纪初，库莫奚人生活在东北地区的老哈河流域，过着"善射猎""随逐水草"的狩猎、游牧生活。到了7世初至9世纪中叶，库莫奚族逐渐发展壮大。在这一阶段，其军事实力已经与契丹旗鼓相当，庞大的部落形成了五个大部，即阿会部、处和部、奥失部、度稽部、元俟折部，有数十万之众。奚人的战马已经踏出老哈河，其活动地域拓展到东达今辽宁省阜新市附近，西到内蒙古自治区克什克腾旗以南的广大地区。

由于民族相对弱小，库莫奚人一直小心谨慎地处理着与中原王朝的关系。从北魏到隋朝，奚族就常依附遣使朝贡，仅北魏时期派遣自己的使臣到平城、洛阳先后就多达三十余次。

历史上奚人与中原王朝的"蜜月期"发生在唐朝。唐贞观二十二年

（648），奚酋可度者率众内附，一代明君唐太宗李世民深谙怀柔之道，对其大加封赏，在奚地置饶乐都督府，拜其为饶乐府都督，封楼烦县公，还赐姓李氏；唐玄宗时期更是以海纳百川的姿态，对请降的奚酋李大酺既往不咎，封其为饶乐郡王、左金吾卫大将军、饶乐府都督，并将固安公主嫁给他。唐王朝如此厚爱奚人，也从一个侧面证明这个民族不容小觑的实力。

然而弱小的民族总是生存在夹缝里，况且部族首领多粗莽好斗，急功近利，缺乏长远的政治韬略和历史眼光，其实自可度者之后的历代奚酋就已经开始游离依附于唐、契丹、突厥之间，左顾右盼，章法全无。

二

"度娘"喋喋不休的介绍，让我们误认为这天皇山是个开放的景区，这可苦了"志玲"（语音导航），也苦了"白马"（采访车），导来导去，兜兜转转，哪里寻得见山口？最后到达的竟是一个高档别墅区的大门口。停车问询保安，才知道天皇山几年前就不对外开放了。"许是已被打包出售，成为小区业主的后花园了吧？"我们这样思忖。可是不管是不是后花园，这片子还是要拍的，它毕竟是"永定行"选题策划中重要的组成部分，不可或缺。况且无法涉足的"禁地"更能成就受众的好奇。

梁文向站岗戒备的小区保安详细说明来意，保安并不怠慢，告诉我们一个手机号码，说这事需请示领导。电话打过去，对方说需继续向上请示，就这样等了约半个小时。再打过去，人家以上司不同意为由，委婉谢绝。细思其意，恐是顾虑我们醉翁之意不在酒，"若是曝光本小区某方面不足，可如何是好？"对方这种想法的确也是可以理解的，毕竟大家素不相识嘛。不过对于我们，此地若不能拍摄只能徒增叹惋了。

记者这行需要干劲，更需要耐心和韧劲，困难再大也不能轻易言弃。"桑干行"一路拍摄下来让我们深谙此理。怎么办？继续求助各方吧！我突然想起刚为我们在官厅湖畔拍摄给予大力支持的怀来县电视台领导，于是急忙联系，人家又辗转联系到属地党政部门的负责同志，由这位同志出面联络，几经周折，到中午时分方才搞定。

七月的京郊大地，热毒的太阳肆意炙烤，天与地构成一个巨大的蒸笼，我们都是被关在笼屉里扑闪翅膀的鸟儿，飞不高也飞不动。可以想象，要在这烈日当头的午时爬山是多么的让人头疼。没办法，对方已经回复得很清楚，这是一次限时限地的拍摄。两小时内必须完成，而且这全程是需要保安"陪同"的。事后想想，我们倒是很庆幸有保安的引路，不然我们在这别墅区里就算左冲右突大半天，也不见得能寻到天皇山的山口的。

"不识庐山真面目，只缘身在此山中"，不过即使走到天皇山的脚下，我们还是无法一睹石窟的真容，它半遮半掩在周遭的山峦里，就像襁褓里的婴儿，等着你去探望。

车停山下，想着外面灼热的天气，我们紧皱眉头推开车门，一股热浪连车带人瞬间淹没。"尽量省些人力吧，能不上山就不要上了。"我这样想着。军军是主摄像，小乐要现场出镜，是必须去的。我倒是可以不上去的，不过我是"领头雁"，怎么也得起到示范作用，是吧？于是，尽管梁文和小许执意要同甘共苦，我还是行使了否决权。我们三个人全副武装，大檐的遮阳帽、墨镜、口罩、防晒衣，把浑身上下包裹得严严实实。上山！

前山势缓矮灌横生，中岭挺拔陡径通幽，这大概就是天皇山麓的特征吧。踏过荒径，依山势而筑的水泥石阶小路倒是还能接受，不过走上一段，我们也是汗流浃背了。这几天连续的跋山涉水，小乐的脚跟早已磨出了血泡，她只能趿拉着一只鞋子向上攀爬，也是拼了！此时半山腰上修葺亭台的工人已经吃了干粮，正倒在林荫下的木板上呼呼大睡，根本没察觉我们几位"游客"的到

访，我想即使惊觉了也会疑惑："大热天，这几个人怎么会连晌登山？"

爬过一段坡，再绕一道弯……如此重复。我不断利用大喘气的间隙抬头仰望寻觅，仍不见石窟所在，好在中间这段路途茂林杂树，绿荫遮蔽，倒不至于暑热难耐。

事情往往在你体力不支依靠信念加持的时候突然柳暗花明，一个小时后果然峰回路转，走在最前面的我猛一抬头，只见树丛里两间石室若隐若现。"总算是到了！"我紧走几步奔向石窟仔细观瞧，只是这石窟也未免太浅了，进深不过半米，看起来像是凿至中途因故废弃的。

此时，小乐在一棵树下歇息，落在后面的军军还在奋力登高，他可不是体力不支，而是扛着三脚架、摄像机在负重前行，因为他要在沿途不断选点拍摄。我让小乐边休息边候等军军，自己已经迫不及待地踩着天皇山的裙角，沿着小径去探访崖壁之下第一座较大的石窟了。不过进入这座石窟真是让我心惊肉跳！里面竟然端坐着三个"活人"！这惊吓一是因为我根本没有任何心理准备；二是石窟太小，泥塑人像也太大、太形象了，同我相距不过咫尺，全然没有了距离产生的美感，着实渗人啊！局促对视心里慌然，我赶忙退至洞口处，等回过神来才远远端详。

我想这里供奉的大概是三位神仙吧？只见这三尊彩绘泥塑依次排列，眼眉含笑，庄严慈祥，造像逼真；再仔细观察，只见边侧一隅的小窟内竟然还有三尊乳白色塑像，貌似佛、道、儒三教教首，不过这造像小了太多。那么那三尊大的塑像又是何方神圣呢？我一片茫然，不过这并非此行探究的主题。此时，军军和小乐已经上来，我便急急走出窟外一起另寻他窟。

因环绕这些石窟脚下的是条仅可容一人通过的石径，旁侧山势又很陡峭，所以我们是无法看清整座石窟的总体架构的。我们只能沿着右手边粗糙原始的石阶继续向上。攀过十余阶，便又见一洞口，由于此地近年已鲜有访客，况且刚受了惊吓，所以再入门洞时，领头的我就更加小心翼翼了，哈哈！我倒不是怕再遇什么活人神仙，而是担心这洞里荒僻日久，恐已成了蛇蝎的领地。

踱进石窟，穿过两三米长封闭阴暗的洞廊，眼前逐渐明亮，一处四五平方米大小的石窟便映入眼帘，这窟高约两米，并无前壁，抬眼望去，对面便是一席青山，满眼叠翠，白云悠然。右侧石壁之上嵌有坑穴，大约是古人放置灯盏之处吧？除此之外，此间壁上再无任何雕凿，看样子极似会客厅。我仔细查看角角落落，见无蛇蝎亦无走兽禽羽遗留痕迹，方暂时心安。

我们穿过"客厅"，再进平行套间，这"套间"里的内容可是足够丰富，一幅古人饮食起居的生活画图似乎生动地呈现在我们面前。只见窟内石炕、灶台、烟道、储水槽、壁橱一应俱全，炕内凿有火槽连接灶台和烟道，石炕上铺有石板，炕侧凿有明窗，尤其是炕壁上有明显烟熏火燎的痕迹，难道这是奚人的经年烟炊所致？

据说此处共有大小石窟24座。那么，一千多年以前，奚人又为什么会来到这里呢？这还得从奚族和契丹这两兄弟之间的关系说起。

三

从历史渊源来看，奚族与契丹同出一族，双方虽然在"营州反唐"起事上有过短暂的合作，但终是兄弟阋墙，时常兵戎相见。特别是到了9世纪中叶以后，奚族的军事实力已经无法与契丹相抗衡。唐末契丹首领辽太祖耶律阿保机主政时期，奚被举族役属，也就是在这时，奚人不堪苛虐，被迫逃亡，由今河北承德、辽宁凌源一带西徙妫州（今河北省怀来县）。

战马啸兮破残夜，刀影寒光飞溅血。月黑风高，奔途漫漫。奚人突破重重截杀终于来到妫水河畔，隐秘幽深的天皇山麓接纳了这批宜民则民、宜军则军、食不果腹、衣着褴褛的逃亡者。他们在这里凿石为屋，掘井而饮，开始了

半军事化的射猎生活，并将这一片区域称为可汗州。

宋欧阳修撰《新五代史》载："奚王去诸为契丹守界上，苦契丹苛虐，引别部西徙妫州，依北山射猎……其族至数千帐，是为西奚。"正是对这一历史事件的描述。

我们沿着第二层石窟内半边露天的甬道走出，再由石磴登攀向上，极力向石窟的高处仰望，恰好瞥见第三层石窟斜斜的一角，再往西去，终于转出石窟群。站在花岗岩结构的山体上，半遮半掩的石窟群也总算是能够看清其架构了。

综观整座石窟，正如有关专家所言，其军事功能是远远高于生活功能的，它的军事防御作用极为明显。站在山外，很难发现石窟群落；可进入石窟高处，进山小道及山下的一切又能尽收眼底。据说这悬崖峭壁之上还凿有一座石府，那里是可汗州的指挥中心。如果沿着花岗岩结构的山体爬向后山，还有一处奚人的储粮、纳物之所，能容纳 50 多人的大洞——雾云洞。不过此时我们已是饥渴难耐，实在是爬不动了！况且拍摄素材已经足够撑起几分钟的片长，任务已经完成。

话题再转回来，如果我们认可此处为奚人部落所居的事实，那么奚人在这里住了多久？又是在什么时候离开这里？又为什么要离开呢？

史籍记载，西奚王进入妫州后，常以麝香、人参取悦幽州刘守光（911 年自立为大燕皇帝），得到刘的庇护，后又投靠后唐庄宗即晋王李存勖，先后历经去诸、扫刺（李绍威）、拽刺 3 代。直到公元 937 年，第三代西奚王拽刺在新州（涿鹿）被迫迎降契丹。联系上述历史可知，奚人在此地居住大约 30 余年，他们的首领拽刺投降后，"奚畏契丹之虐，多叛逃"（《新五代史》）。逃离的正是驻在这里的奚人。

关于奚族的消失时间，查阅史书典籍可知。12 世纪后期，奚人迅速被女真人同化，与汉族融合。金代以后，再不见有奚人活动的记载。元初尚有奚之名字，后再不见于史册。

　　站在高坡上，只见大大小小的石室、石窟呈不规则的蜂窝状，镶嵌在这花岗岩山包之上，由此极望，宛如明镜的官厅湖烟波浩渺。在这滚烫的山岩砂砾上驻足，我们也只能望湖生些凉意了。此时，军军褐色的旅游帽已经被汗水浸透。

　　《新五代史》说："去诸之族，颇知耕种，岁借边民荒地种粟（粟，黍之不黏者，即糜子），秋熟则来获，窖之山下，人莫知其处。"可见奚人在这里虽不富庶，却也能自给自足，御抵饥寒，安居乐业。这对于一个游牧民族来说，能够通晓耕作之术已经实属不易了。可惜在那个弱肉强食的年代，一旦被视为异族另类，颠沛流离、辗转逃生便成为常态和宿命，最后只剩下这座他们用智慧和心力雕凿出的空城供世人揣摩，徒留千年一叹。

　　其实与天皇山相距仅 1 公里之地，还有另外一处石窟群，也是京西著名的风景区——延庆区古崖居。它们形制相同，规模各异，有学者认为古崖居是西奚王王帐的所在。我不知道"州府"和"王帐"有什么区分，不过倘是抛开学术层面，古崖居亦为可汗州之辖域范围当是不争的事实吧。

　　古崖居，尽管它以开放的姿态经营多年为世人熟稔，但由于没有考古方面的实证和史籍文献的确切记载，景区给出的仍是"千古之谜"的说法。不过不管怎样，我们还是要去拜访的。因为它和天皇山具有同样古朴幽深的气质和神秘莫测的魅力，是我们相看不厌的风景。

妫水不是阿姆河

04

月氏人的祖源也在中原地区？难道阿姆河亦称『妫水』是月氏人乡愁的托寄？

情"妫"何处

走，行走，走走停停，急急缓缓，不管我们是以怎样的姿态来诠释人生，时光总是从容。

人的一生，皆如春树年轮，我们以经世事、阅人情收获岁月，以脚步丈量生命短长，自己是风景、沿途有场景、生活百态千姿、生命浮翠流丹。

献上这段感悟，这人生也似乎复杂了许多，要我说还是简单点、专注于当下为好，就像这次行走，不过是因了追随河流的执念而一路前行，它就像明快洗练的简笔画，那线条是我们的脚步，也是永定河流淌的写意，时光过处，轻轻浅浅，心有芬芳。

这不，奚人的坚韧顽强尚在脑海萦回，我们的双脚已踩在了北京市延庆区妫水河畔的林荫上。

欲说妫水先说"妫"。大中华文化浩瀚，汉文字灿若星空。九万多个方块字就像跃动的音符，热闹着伟大的星球。不过在这九万多个汉字中常用字也就七千余。突然问一句，七千之外，您还能认识多少呢？

翻开辞典看到那么多生僻字，你我不免会有些汗涔涔了吧？幸好这些生僻字实用性并不强，有些甚至远离我们的烟火生活，所以有时甚至懒得考究一番了。就像我要说到的这个"妫"字，笔画简单却很容易让你着了道，把它误读成"wei"，早在几年前我就是这样的"半边秀才"，最后尴尬到直吐舌头。哈哈！

直到开始关注起永定河，直到它成为2019北京世园会的点睛之笔，这个字才深深地刻在我的脑海里。

翻开辞典，这"妫"字虽释意简单，却乃上古时期姬、姜、姚、嬴、姒、妘、妫、姞八大姓之一。可谓身世显赫，赫赫皇皇。

这妫姓的始祖，可追溯到远古时期的虞舜。那虞舜家族为什么又姓妫呢？

据《史记·五帝本纪》和《史记·陈杞世家》记载，虞舜和他的父亲瞽叟生活在妫水之滨，按照以地为姓的原则，所以取了妫姓。后来尧为了考察和培养虞舜，还把自己的两个女儿嫁给了他，并定居在那里。据考证，妫姓应该是今天王姓的源头之一。而这条妫水河大致位置在今天山西永济市蒲州镇南，它从历山发源，向西流入黄河。

那您可能会问了，"你们今天来到的延庆，这河不是也叫妫水河嘛，难道有两条妫水河？"是的，确是这样！其实这妫水河还不止这两条。

"啊！与'妫'字须臾不分，名字相同的河流怎么会有好几条？那它们之间有必然的联系吗？"问到这，您沏杯茶先喝上，且让我慢慢答疑解惑。

河流纤纤瘦瘦，远山伏伏起起；马路纵纵横横，上载车水马龙；行间楼宇高台，饰以杨柳花丛。这大概就是北方小城的风致了。延庆区亦如此。

说实话2019年虽因为世园会和"永定行"考察，我六进此地，印象却并不深刻。我想大约是因为他乡吾乡模板大致趋同的缘故吧。不过延庆稍"胖"点的河流和肥美的湿地倒让我艳羡。这条河流就是妫水河。它属于永定河的支流，古老的河道穿越灵秀的延庆盆地，自东向西一路迤逦，在康西草原划出个优美的弧线后流入官厅湖。

一个地方特有的历史积淀得益于先祖的萌荫和恩赐，诚如这个"妫"字和妫水河，它们当仁不让地成为延庆重要的历史地标和文化名片，引以为豪的延庆人如专情的少女，把这份情愫尽情挥洒在这块土地上。妫水南北大街、妫水公园、妫水文化广场、妫水女塑像、妫川宝塔、妫川购物超市、妫川路，就连世园会的核心区域也被冠名为"妫汭剧场"，足见用情之专。

那么除了山西和延庆这两条妫水河，第三条又在哪里呢？

它就在和延庆毗邻的河北涿鹿。

在整个永定河流域发展史上，涿鹿是个光芒四射的地方，中华民族的人文始祖就是在这里，以决战的方式，实现了推动文明进程的"加速跑"。五千年的发展沿革，慷慨、接纳、包容、赐予，是这块土地始终不变的性格。也正是有了这样厚重的历史积淀，当人们讨论起涿鹿这条妫水河时，更加审慎和严谨。

涿鹿的这条妫水河并不浩淼，却非常古老，关于它的记载早在汉朝就已出现。那时，涿鹿属幽州上谷郡，置涿鹿（今矾山）、下落（今涿鹿）、潘（今保岱）三县，妫水河正是位于潘县古城，也就是今天的涿鹿县保岱。这条河属桑干河支流，河流并不长，大约一公里多，它发源于古城内的潘泉，穿越古潘城，向东出城注入岔道河（古称协阳关水），再流向东北汇入桑干河。

《水经注》记："漯水经潘县故城，或云舜所都也。"唐朝《括地志》记载："舜都在怀戎县（隋唐时保岱设妫州怀戎县），县北三里有舜庙，外城有舜井。"也就是说，有学者认为涿鹿不仅有妫水河，而且古潘县城是远古时期舜帝的都城。

这样山西永济、北京延庆、河北涿鹿这三个地方就出现了三条名字相同的河流，这三条河流究竟是互不相干，还是一母所生？有联系还是没关系？这些在学界颇有争论。

2019年随着世园会的举办，这条河流再次引来热议，《北京日报》以《山西"漂"来的妫水河》为题，对妫水河如何得名、虞舜所居地以及为什么会在三个地方出现三条妫水河进行了较为清晰的阐释。

文章结合各类先秦古籍及考古文献认为，尧舜的活动中心在今山西西南地区。这时的妫水也远在山西，是山西西南永济的一条小河，与延庆境内妫水河并无关系。现在延庆的妫水河，在《水经注》中被称为清夷水、沧河，两水相距不啻千里，各有名称，似乎并不相干。那远在山西的妫水又如何被迁移、嫁接到了延庆呢？这还是与尧舜的传说相关。

文章进一步指出，根据北京大学历史地理学家王北辰先生的研究，由于尧舜传说的广泛流传，南北朝以后，有人认为古潘县（今涿鹿县保岱）是舜都所

在。而舜又以"妫"为姓氏，所以唐代贞观八年（634）在涿鹿地区设置了妫州。同时将原古潘县境内的潘泉故渎附会为妫水，这样"妫水"这个名称就从山西永济迁移到了河北涿鹿。这时延庆境内原清夷水的名称仍在使用，唐初在清夷水与桑干水汇合之处设有清夷军（注：军在唐宋时期为具有军事色彩的政区名），治所称为清夷军城（旧怀来城），军与城名明显取自清夷水。

那么延庆境内的清夷水又是何时改称妫水的呢？

这事发生在唐武则天长安二年（702）。这一年，为防止突厥默啜再次来犯，唐王朝重新调整北方幽州边疆防御部署，将妫州治所移至清夷军城，也就是把妫州治从涿鹿保岱迁至旧怀来县城。大概就在此时，旧州城妫水的名称也被移用到新州城，妫水也就取代了清夷水之名。

从山西永济到河北涿鹿，从河北涿鹿到北京延庆，活跃的妫字、"三迁"的妫水，世事沧桑，纷纷扰扰，如此执着，大概在中国这样的文化现象也并不多见吧？

北辰先生的观点会得到业内人士的广泛认同吗？是否还会引起更多的学术争论，百家争鸣？这个我可是真的拿不准。这种高大上的学术论辩并非我等所能参与，再深入探究下去也未免头大，权作平铺直叙以资大家参考吧。不过我认为有一点是可以肯定的，那就是无论古人还是来者对这个"妫"字，对这条河流的钟情和热爱都是显而易见的。

就在此篇即将落笔之际，我突然想起位于中亚地区，源出帕米尔高原的阿姆河，这条河在中国古代也被称为乌浒水、妫水。巧合的是居于今甘肃省兰州以西直到敦煌河西走廊一带的古游牧民族月氏，于公元前二世纪西击大夏，也正是在阿姆河两岸建立起了区域强国——大月氏王国。

月氏人的祖源也在中原？难道阿姆河亦称妫水是月氏人乡愁的托寄？

尽管我笃定地认为这条河同前面的河流没有任何联系，但想起情之所系的"妫"字，还是忍不住把这块砖抛了出来，引得美玉也或将不远吧？

寻碑 05

轻轻地我们走了，
正如轻轻地来。徒
留几声叹息，不带
走一片云彩。

拿什么拯救

上

一

石碑，立于一隅，方正坚硬，千古文字，凝练凿凿。今天纵然是那些辨不清文字的碑刻，其肃穆大气也足令人心生敬畏。每块石碑都是一段历史，一壶岁月，那些苍凉雄浑、厚重简洁的文字见证岁月，叩开历史亦承载历史。

石碑可能是最具华夏文化特色的文物了。它散落各地、广布民间，且毋论经济价值，其文化价值当是不菲。除了普通坟墓前立碑以示纪念外，石碑最常见于寺庙和陵墓建筑群中。它像一把打开历史秘境的金钥匙，又像一本书的前序，提纲挈领、拨云见日。读之，那些寺庙渊源，墓主生平便豁然知晓。

中华民族的龙脊——长城沿线也是有许多石碑的，这些石碑多是记载修城概况，起始年月、参与人等以及职责分工。比如河北省抚宁区董家口东长城石碑、河北省卢龙县刘家口过水楼（关门楼）内石碑、北京市怀柔区大榛峪口西长城之上的石碑、现嵌于山西省平定县娘子关城墙壁上的石碑等。比起气势恢宏的长城防御工程，这些石碑不过数十块城砖的方寸，但却是研究长城历史，尤其是其建筑史、修葺史的重要物证，也正因为有了这些石碑的存在，长城的历史才显得更加丰满和厚重。

我们"永定行"期间也在努力寻找两块石碑，一块是《沿河城守备府碑》，另外一块是《沿河口修城记碑》。因为这两块碑关乎沿河城的历史，也是沿河城发展的重要见证。

二

永定河水流过河北省怀来县静谧的幽州村，便进入了北京地界，她到访的第一个村庄就是沿河城。顾名思义，沿河城村就建在距离永定河不足百米之外太行余脉的坡地上，至于为什么叫城，则是因为环围村落的正是长城的古老城墙。也可以说沿河城本身就是一个因长城而生的村落。历史上这里属明代长城"内三关"之一的紫金关所辖，扼守永定河河谷要地，是塞外通往北京的要冲之一。

400 多年前，沿河城崇山峻岭之下其实并没有城。当时统治者还没有察觉到这一地区的要冲地位。俗话说知己知彼，百战不殆，守者不能洞若观火，攻者却能如指诸掌。历史上这里自然成为攻方乘虚而入、发动突袭的"软肋"。

公元 1235 年，蒙古数十万铁骑绕过外长城的雄关险隘，正是从沿河城西黄草梁、天津岭，经十里坪一线南下，一举灭金；1550 年，蒙古土默特部首领俺答故伎重演，再次率军经紫荆关，突破沿河口，顺着山间峡谷，迂回到北京城下。这是继"土木之变"后蒙古兵第二次兵进北京，史称"庚戌之变"。此时，大明王朝在历史之镜和血的教训面前才恍然大悟，开始亡羊补牢。于嘉靖三十二年 (1553)，在沿河口修建军事机构——守备公署。此时，从居庸关过黄草梁至紫荆关一线的内长城业已完成。隆庆五年至万历六年又增建从居庸关过沿河口以西空心敌台 200 余座。这样沿河口守备府辖下八十里防线关口要隘达 17 个，敌台 17 座，附墙台 5 座，烽火台 6 座，边墙五百八十丈，有官兵数千，盔甲、兵器、火器逾万件。至此，沿河城的战略地位被提升到前所未有的高度。《沿河城守备府碑》和《沿河口修城记碑》正是在这一历史时期所立。

三

7 月多雨，尽管密集的路线考察不允许放慢节奏，我们还是不得不因这雨天慢下来，告诉自己要调整心态，不愠不火。7 月 5 日，"山雨欲来风满楼"，尽管已抵近珍珠湖区却又无奈放弃，我们只能前往这次选点考察的下一站——沿河城村。此行，寻碑是主要目的。

　　村近，雨渐歇，此时已是下午四点，被夏雨冲刷过的沿河城氤氲在水汽里，山石砌铺的墙体过街虽无江南雨巷的狭长，情致却也颇似。在这个因长城而生的村庄里，形制保存较好的永胜门像清婉的村姑迎候着我们，只见她条石裙角，砖砌身段，点睛额匾，仪态端庄。谢了"村姑"的久候，饥肠辘辘的我们开始兵分两路，我和军军、梁文入城寻碑，小许小乐急寻农家院准备迟到的午饭。

　　走在村子里，或许是因为古建筑不能随意拆除的缘由，新房子只能见缝插针，这样雕梁画栋的老屋和砖混结构的新居就杂糅在一起，经过一场雨水的冲刷倒显和谐了许多。不过那以条石和巨型鹅卵石砌筑、虎踞龙盘般环围着村落的古城墙，才是这里的精华所在。

　　此时，经过一瓢烟雨的憋闷，村中心的老槐树下已经聚集了许多人，他们展伸腰腿，吐故纳新，谈笑风生。这对于我们可是难得的询问机会，作为栏目编导的梁文急忙上前打听关于石碑的音信、去处。可是问过之后村人却连连摇头，或者没听说过，或者言可能有碑，但是肯定不在村子里面。几番问询皆是无果，我们只能先拍些镜头了。此时小许打来电话，说饭馆找上了，饭菜也都准备好了，赶快过来吧！是呀，到现在我们还没吃午饭，这状态不是饿扁了，而是快饿傻了！

　　我们走进的这座农家小院，其实家亦店，店亦是家。院子不大，分隔成正房、配房。正房用来餐饮、住宿，几间配房分别用来烹炒、洗漱。进院的时候，女主人在厨房做饭，男主人忙着烧水，看见我们急忙热情招呼，引入正房。

　　正房的客厅宽敞明亮，进门右摆沙发茶几，沙发之上挂着一块亮堂堂的大镜子；左侧靠近窗户下和对面各摆一张单人床，供人们休息。这时客厅两边的卧室里传出说话的声音，想来是正在休息闲聊的客人。客厅正中的方桌上已经摆上了4个菜，小许和小乐正在桌前喝水等候，我们仨也一块儿入座。我开始端详桌上的这几盘菜，土豆丝拌地皮菜、西红柿烩豆腐、韭菜炒鸡蛋、干炸小河虾，哇，我心里一喜，这菜品可绝对是绿色无公害啊！

尽管饿得前心贴了后背，却还是不能立即动筷的，为什么呢？因为职业的敏感性告诉我，在这农家小院里吃农家饭，如果能拍摄下来作为花絮，是多么好的素材啊！于是我们忍住饿意，军军架起摄像机，我们将这些菜肴研摆一番，按下录制键，方才开吃。这菜实在是太合口味了，不一会儿，个子不高、50岁左右、满面笑容的男主人又端上了一盘干炸小白条，他说我们吃的虾和现在端上的小鱼，都是他早晨由村边的永定河捕捞上来的，绝对干净新鲜。小小村落竟有如此的自然资源禀赋，我们狼吞虎咽之余心里真是羡慕。

随着"砰"的一声热键闪跳，电饭锅里的饭也煮熟了，女主人进来拔了电源插头，把一锅小米饭也端了过来，招呼我们自盛自用，便去洗刷锅碗瓢盆了。

我们打开电饭锅，一股饭香扑鼻而来。哇！黄澄澄的小米粒、乳白色的土豆条、绿油油的小叶片，用铲子一搅，这黄白绿便糅合在一起，撩拨着我们的食欲。小许说这是一锅地道的土豆榆叶小米饭，不只是我，大家都从来没吃过！饭入口中，松软适中，啜以青菜，唇齿留香，如此往复，到最后我们竟把一锅饭吃了个精光。待女主人再次进屋收拾盘碗时多少有点惊讶："都吃完了？""嗯！"我们回答着，多少有点不好意思，哈哈。

闲谈中我们得知，这家男主人姓魏，两个孩子，女儿已经嫁到门头沟，老二还在上学。当然水足饭饱后最重要的还是要打听那两块碑的下落。老两口听罢也不知其踪，但是说魏三肯定知道，他是村里的文化人，经常接受电视台的采访，一定知道石碑在哪里。不过时已黄昏，我们必须马上动身返回门头沟驻地了，梁文便留了女主人的联系方式，拜托她先同魏三联系，邀请他作为我们

下次寻碑的向导。约定了再来的时间，谢过朴实的夫妇，我们在夜色中暂时告别了沿河城。

如今，这对夫妇的音容笑貌已经模糊，或者说在我的脑海里原本就不曾清晰，可是几个"饿傻"的人吃得那顿喷香的饭，却永远留存在了我们的记忆深处。

人生处处皆缘分，没有机缘，哪来相会？你认识的人，走过的路，去过的每个地方，走过的每条街巷，不过都是因缘际会。我相信我们在沿河城抬眼可见的众多农家院里独选此家，也是缘分使然。

我们与这两块石碑会有相见的缘分吗？

下

若是从河北涿鹿经怀来官厅方向进入沿河城，两地距离是很近的，不过这种直线穿越需要冒很大的风险，因为这中间必须穿过险峻的石佛岭古道，这条古道沿山势修建，杂草横生、落石堆积，一边靠山，一边便是峭壁悬崖。几年前我曾走过一次，那次险象环生的经历至今仍让我心有余悸。因此几次起心动念，还是作罢，现在可不是我一个人的冒险，我得为大家的安全负责。因此当7月16日再进沿河城寻碑时，我们依旧选择了从门头沟方向绕行，不过这边儿虽是柏油路，却也是峰回路转，山路十八弯。

天或阴或雨。在这山峦之间穿行，小许不得不放慢车速。这次我们为寻碑而来，可是人还没到沿河城，坏消息就接踵而至。先是梁文联系的农家院女主人回电，说上午去找了魏三，可人家恰好出门了；正在失望间，热心的女主人又打来电话，说她可以再给想想办法，帮忙联系村里另外一个文化人做向导，大家满怀希望。可是一会儿回电来了，说那个人在郊区打工，如果让他回来，我们需要支付一定的误工费，并且开出了价码。我琢磨再三，误工费多少已不重要，可这上来就提钱，心里总是觉得哪儿不对味儿，便让梁文委婉回绝了。可是，谁又能知道这两块石碑的去向呢？该向谁打听呢？我突然想起了门头沟区永定河文化研究会的侯老师，老人家在永定河文化研究方面学识渊博，造诣深厚。尤其是待人热情，我虽从未与侯老师谋面，却在永定河文化的研究上得到了老人家的大力点拨。她应该知道这两块碑的去向。我眼前一亮。急忙拨通电话询问，侯老师果真没让我们失望，她说这两块碑应该就在与沿河城村毗邻的原沿河城办事处的旧址里。

去沿河城村全凭"度娘"吩咐，不足为虑，可这原沿河城办事处又在哪里呢？"度娘"没有交代。尽管侯老师给出了大致方位，我们还是一头雾水。我

想不管东南也好，西北也罢，总是距离沿河城不远吧，"白马"就径自向去往村里的方向驶去。

车到村口，几次向路人询问，总算有人能指点迷津告知办事处的大致方位。我们便沿着泥泞的道路边走边找。这路左边靠山，右边是泥水冲刷过的河道沟坎，再往前看，还是绵延的群山。行进了一段，仍不见有任何房子。"不对呀，侯老师告诉我们这地方距离沿河城不远呀！走错了？"我们心生疑惑，商量后再次折返。途中恰好遇见一位老大爷，"大爷，您知道沿河城办事处在哪里吗？"小乐按下车窗玻璃急急询问。"这河道对面那房子就是啊，你们过去看看。"老大爷没有犹豫，回答直截了当。看来有谱！我们心里思忖。的确，在河道对面确实有一处院落，刚才经过的时候，我们之所以没有细看，大概是因为河道边临时搭建的工房扰乱了我们的视线。

车子穿过架在河道上的小桥，延伸向前的路面更加窄狭，也仅容得一车通过。不过这条路并不长，也就三五十米吧。路右侧是一片沙滩地，一株杏树虽不高大却是黄杏压枝，微微震颤，丰腴的身姿撩拨着我们的口水。路的尽头是两扇锈迹斑斑的铁门，向里面看就像一处废弃的工厂。我们下了车隔着铁门高喊："有人吗？有人吗？"无人应答。只是拴在树下的猎狗被搅了清静，不停地叫着。又等了一会儿见仍无动静，我们便下意识地推了一下大门，门竟然开了！原来这门是虚掩着的。这时我们也不管三七二十一了，先进去看看再说。

这院子里正面侧面皆是平房，没有荒草杂物，收拾的倒还齐整，从房子的新旧程度上看，它们之间的建设时间似乎有些跨度，应该是整修或翻修所致。铁门正前的房子年代略显久远，但见房檐之下几个大字依次排开——沿河城人民公社。"这就是人们所说的沿河城办事处吗？石碑难道就在这里？"我这样想着。此时，拴着的两条狼狗声嘶力竭，吠叫声更加强烈，只是仍然看不到有人出来。既然没人，我们就先四下找找呗，万一这碑就在院子里呢。

我们开始四处找寻。小许、小乐先我们去了院落南拐角，我和军军准备去往北拐角，突然，南边的小乐发出了一声尖叫，这是什么情况？我和军军赶快循声过去。原来，这边的破旧房子已经做了圈舍，里面养着数条狼狗，这种近距离的对视吓了小乐一大跳，她真担心这狼狗会突然跃出围墙，和她来个亲密"接触"，想想真是后怕啊！于是我们放弃了对南拐角的寻找，一起转向北拐角。也就是在北拐角处，我们惊喜地发现了一块石碑。只是它并非矗立的姿态，而是仰躺在地上的。

走到近前，只见这石碑的碑首和碑身已经分离，满碑尘垢，让人难以辨清上面的文字。幸亏在这石碑的旁边有个水龙头，小许又从不远处找来一个墩地用的拖把和喂狗的食盆，他用食盆取水泼在石碑上，再用拖把奋力搓磨，碑上的字迹才渐渐清晰起来。"沿河口修城记"，石碑上的六个字让我们激动不已，这就是《沿河口修城记碑》了！众里寻你千百度，我们终于找到你！真是不容易啊！小许这边奋力擦拭碑身，梁文、小乐继续寻找另外一块碑。只是找遍整个院落仍无结果。《沿河城守备府碑》又会在哪里呢？既然"修城记碑"都躺在这里，"守备府碑"还会被藏在屋子里？这几乎是不可能了吧。能找到一块已经很不容易了，抓紧拍摄吧。于是军军选好角度，推拉摇移，上上下下、左左右右将石碑整体局部俱收镜头中。

这石碑于大明万历十九年 (1591)，由山西提刑按察司副使冯子履立于沿河城圣人庙，其主要记载的就是沿河城建城的缘由。碑刻首先交代了沿河城的要冲地位："国家以宣（今宣化）云（今大同）为门户，以蓟为屏，而沿河口当两镇之交，东望都邑，西走塞上而通大漠，浑河荡荡，襟带其左，盖腹心要害处也"；其次叙述建城原因，"虏阑入塞，民闻警溃散去，保匿山谷间"，"百姓未能贴席而卧也"；因此朝廷于此修建守御城池。建城的速度很快，"数月告成事"。我们拍摄当中，狼狗已经叫得没了力气，此时屋里终于走出个人来。他

也不靠近我们详问，只是远远地站在那里，我便主动报号说明来意，"大哥！我们是来看看这块碑的！"那哥们听后"哦"了一声，折返屋里再没露面。

"守备府碑"虽然没有找到，但我还是要向大家介绍一下的，这碑于大明天启四年（1624）由守备沿河口地方都指挥张经纬所立，碑上记载："沿河口守备设于嘉靖三十二年（1553），城建于万历六年（1578）"。"沿河以山为城，以河为池，乃京师咽喉之地"。据说碑下部还刻有十九任沿河城军事将领的姓名、籍贯、职务、到任及升迁时间等。

这段长城的历史就这样被浓缩在两块条石中。一块是建设史，一块是守护史。

"守备府碑"又会在哪里呢？

拍完了，走的时候，狗已不吠，整个院子显得悄无声息，我再次望了一眼躺在地上的石碑，它就像一位受伤的老人，蜷缩在角落里，无助而苍凉。如果没有珠玉之虞，如果闲置也是一种保护，那就让它静静地躺在这里吧。几年后若我故地重游，或者如我一样的访客慕名而来，还能再看到它吗？忧虑间，我抬手拉上铁门，倍觉沉重。

轻轻地我们走了，正如轻轻地来……

湖怪 06

它既不浮出水面显
露真容，又不没入
湖底迅速遁去，而
是按照自己的浮游
节奏向我们靠近。

———————
水下庞大的精灵

一

湖怪、水怪，即使是今天听到这些字眼儿，我们仍会毛骨悚然。几百年来，尽管科技日新月异，科学家对发现于世界各地湖泊中的这种神秘生物分门别类，进行了大胆的分析推测，但这些体形硕大，翻江倒海，久居湖底或水底的怪物究竟是什么？恐怕至今仍无定论。

这些被发现的湖怪、水怪中流传最久的是英国尼斯湖中的湖怪，从1802年秋天这种疑似蛇颈龙的怪物被一位叫亚历山大·麦克唐纳的农民发现，到现在时间已经过去了两百余年；若论湖怪身长，当属加拿大欧肯纳根湖里的湖怪，此物体长达60米到150米左右，目击者说这怪物头部像马，身躯像蛇，与中国神话传说中的龙极为相似。

在我国的湖泊里也曾发现过这些不明物种，据说中国喀纳斯湖湖怪长度目测有10米左右，疑为远古生物的后裔；而青海湖湖怪是什么物种至今无法判断；位于四川省甘孜州九龙县猎塔湖里的水怪更是神龙见首不见尾，科学家们只能大胆假设，认为这是已经消失千年的克柔龙。

永定河流域百里山峡的珍珠湖里也有湖怪！这种说法想必并非人所共知。不过我认为这湖里确实是有湖怪存在的。您别惊讶，这可是我们亲眼所见。

这事还得从我们这次"永定行"的拍摄说起。当然我告诉大家这些不是哗众取宠，也非故弄玄虚，只是想把这次不同寻常的经历绘与大家，让大伙在茶余饭后增些新奇的谈资罢了。

永定河出官厅水库后，便如游龙戏水般一路逶迤于百里山峡。珍珠湖其实就是位于门头沟区雁翅镇珠窝村附近的珠窝水库，传说这一湖区曾盛产河蚌，因此就有了"珍珠湖"这个别称。我们"永定行"摄制组之所以选择这里拍摄。一是因为这里独特的漓江山水风韵；二是在这个湖区之上有一座铁路拱桥凌空飞架，有"亚洲第一铁路拱桥"的美誉。

七月份我们第一次抵达湖区附近，准备展开前期考察时，天空突然乌云翻滚电闪雷鸣，在河谷地段遭遇这样的恶劣天气无疑异常危险，我们只好调头急驰，在暴风雨中转场。待七月中旬我们再次来到珍珠湖的时候，又险些与景区擦肩而过。

当天，我们一路风尘接近这里的时候，已是中午 12 点左右，这一带地处偏僻，鲜有饭店小馆，有了几次挨饿的经历，这次我们也聪明了许多，出来时带了些充饥的面包火腿肠，看到这个时间还未抵达目的地，今天注定又要挨饿了，我们五个人便在车上匆匆啃着"干粮"。根据"志玲"（导航）提示，此刻距珍珠湖区也不过 1 公里的距离，"白马"载着我们这些不知疲倦的"游客"，快乐地飞奔着，可在一个高大的牌坊下却又不得不"勒缰"急停。

为什么要急停？因为牌坊下闲坐的大汉拦住了我们的去路。难道我们也如《桑干行》一样，又遇到了"肌肉哥"？我这样思忖着，便同小乐、小许一起下车询问情况。但见眼前这哥们四十五六岁，1 米 75 左右的个头，黑红的脸膛上颧骨突起，受到挤压的小眼睛更加眯缝。许是发质太硬，不好打理的缘故，几缕头发直溜溜地竖起，瘦小泛黄的白半袖 T 恤领口翻敞（我们姑且叫他"半袖哥"），裹着两块硬邦邦的胸肌。几番交涉，我们大致清楚了"半袖哥"的意思。一是珍珠湖景区早就关闭了，不接受任何游客或记者的游览、采访；二是如果想进入景区，去湖上转转也是可以变通的，不过需要租用他的铁皮船。说白了他就是在此把守着，趁机撇点"浮油"罢了。

我们几个经过短暂的商讨，还是决定以拍摄为要，花就花点钱呗，这种成全也属无奈，那珍珠湖的美景、闻名遐迩的铁路桥是一定要拍的。于是双方讨价还价，一番商量后最终以每人 50 元船资成交。时间将近下午一点，这哥

们也不懈怠，从旁边的树丛里麻利地开出自己的小三轮，他在前面引路，我们紧紧跟随。经过大约 10 分钟的路程，车在库区之上的一高坡处停了下来，此时梁文和小许建议，如果我和军军、小乐能完成此次拍摄任务，他们就不去了，起码能省些费用。得知我们的决定，"半袖哥"着急了，立马拉大嗓门嚷着："就三个人去，那 150 可不行啊！再加点儿！"又是一轮谈判，最终 200 元解决争执。我们三个便跟随"半袖哥"从高坡向下，之后沿着崖壁缓缓向湖岸靠近。

既然已经成行，不至于无功而返，我们也轻松了许多，大伙"话匣子"也就打开了。是啊，除了闲聊多些沟通对我们没坏处，如果船行途中人家再加价，我们可是一点辙也没有，毕竟是人生地不熟啊！

交谈中我们得知，"半袖哥"就是这个景区的工作人员，这里早在几年前就关闭了，现在他作为留守人员在此看护剩余的设施设备。

接近湖边，"半袖哥"大步流星很快从临时搭建的一所房子后面开出了铁皮船。穿上救生衣，坐在船里的小板凳上，"半袖哥"娴熟转舵，我们便向湖中驶去。这场与"湖怪"的遭遇也就此开始。

二

"舟行碧波上，人在画中游。"此句用在珍珠湖恰到好处。铁皮船上"半袖哥"坐镇船尾，两腿叉开以保持自己及船体平衡，军军船头淡定拍摄，我和小乐一左一右居于船中欣赏风景。

这秀水佳山浑似泼墨丹青，江南画作。但见湖面澄波微漾，前无涯际；夹岸青山崔嵬嵯峨，鸟鸣回旋。特别是那近水山岩托自然造化，奇石迭出，生得百态千姿。船行中游，但见湖心现一小岛，岛上一棵垂柳玉树临风挺拔卓然。此景刚过，又忽闻咩咩叫声。向山头遥望，但见一只黄羊立于山巅，其声清脆悦耳，回响在这青渺川流之间。

　　经过大约四五十分钟的行程，"半袖哥"突然说："快到了！转过这个山弯就是铁路桥。"果然，在水复山重之后，一座修建在两山之间的铁拱桥赫然出现，其势宛若一道长虹挂在这平湖之上。此刻恰巧复兴号列车正呼啸着穿桥而过，那份欢快和洒脱让人精神为之一振。我们便在这里寻一滩涂上了岸。"半袖哥"在船上等候，我们展开拍摄。

　　起初拍摄很顺利，可是20多分钟后，情况发生了。此时小乐刚刚把栏目开场词说完，"小白"（航拍器）正在起飞，天空突然乌云密布，雷声滚滚，湖面像是被泼了重墨，立刻黯淡下来。

　　"下雨啦，快点啊，不然待会回不去了！"远处的"半袖哥"向我们呼喊着。是啊，这里没有任何挡雨设施，即使现在快速返回，也很可能成了"落汤鸡"，可是拍摄任务还没有完成，我们必须扛下去，坚持！军军镇定操控，"小白"凌空奋飞，赶拍"彩虹桥"。我和小乐在一旁收拾设备，准备随时收工赶往滩涂。就在此刻，又一件意想不到的事情发生了！

　　只见距离我们仅20米左右的湖面上，一只体型足有两米长宽的黑色怪物一浮一沉，正缓缓向我们游过来。"湖怪！"军军边看着飞行遥控器边大声喊着，我也惊讶到不知所措。这只怪物游得并不快，它半遮半掩，既不浮出水面显露真容，又不没入湖底悄然遁去，而是按照自己的浮游节奏逐渐向我们靠近。情急之下我抱起岸边最大的一块石头奋力向它砸去，只是我臂力不济，石头在它的附近"扑通"一声溅起浪花，"湖怪"也在瞬间不见了影踪。

　　几分钟后我们急急登船离开时，已是白雨落珠。庆幸这风不算大，还可以勉强撑伞行进。真怕那只怪物再追上来啊，这船上可不比陆地，太危险了！对怪物来说，要掀翻一只小船可是轻而易举的事情。

　　风雨如晦，一路疾行。当我们的铁皮船离码头不远时，已经是大雨如注了。

"先进屋里避避吧！"说话间"半袖哥"带着已经上岸的我们一路小跑，进入了他的临时住所——铁皮房。此时高坡上面传来小许的呼叫声，因为在这高峡平湖间手机是根本没有信号的，下这么大的雨，车上的他俩恐我们出现什么状况，于是冒雨呼喊。我们急忙应答。知道我们没事，他才放心地返回车上。

"半袖哥"的住所实在是太凌乱了，看到墙上挂着的工作证，我们才得知他的姓名，不过在此文中我们还是继续称呼他"半袖哥"吧，虽然他"撬浮油"的行为有些不妥，但"劫波渡尽好弟兄"，在心里我们早已原谅了他。

"半袖哥"早知道我们饿了，便坦诚地说："我这里只有两个西红柿，要不你们先垫吧一口？"我们急忙说不用。这时他又拿出几罐啤酒来请我们喝，我们同样谢绝了。"半袖哥"就独自开了一罐，边喝边同我们聊天。

窗外风雨大作，只能等待。我们便把刚才见到"湖怪"的经历讲给他听。"你们也看见了？"他听了并不惊讶，只是平常的询问，一副司空见惯的样子。他说这"湖怪"住在湖区附近的人都知道，他从小在这湖边长大，"怪物"在湖里浮浮沉沉的样子他也见过。

"它会不会是鱼啦、鳖啦？看外形我们觉得像只大乌龟啊！"

"绝对不是的！""半袖哥"否定了我们的推断，开始讲下去。"这片湖太老了，别说湖怪，鱼都快成精了！在我们这片湖里，2米长、100多斤的鱼有的是，根本不是啥新鲜事！不过这么多年来人们最关心的还是'湖怪'，这东西究竟是个啥，谁都想知道。""半袖哥"灌了一大口啤酒，边说边比画。"告诉你们一件怪事吧。"此时我们洗耳聆听，一脸专注。

"20世纪80年代水库有过一次清淤，那时候整个河床都露出来了，人们想着这怪物肯定能出来，结果还是没有！""半袖哥"直了直腰板，把剩下的啤酒一饮而尽，清了清嗓子，继续往下说。

"后来人们就想这怪物会不会藏在河床下的大沙坑里？因为沙坑里的水是

没法排尽的。有一天，我们村的村民就和工人们一起在这大沙坑里撒下大网，展开捕捞！等了老半天，大伙感觉这网里有了东西，就使劲往上拉，不过这网太沉了，怎么拽也拽不动，拉网的人就不断增加，越来越多，你猜怎么着？"

"怎么了？"我们不想打断他的话只是在心里发问。

"就在这时，怪物出现了，天！它从大沙坑里踩着渔网一跃而起，足有三四米长啊！""半袖哥"下意识地挥手画出一条有力的弧线。

"啊！"听到这里，我们也惊惧发声。"这怪物在半空打了个旋，又一头扎进了水底！在场的人们都惊呆了！""半袖哥"说着。

"那这东西究竟是什么？是人们常说的'湖怪'吗？"我们急切地询问。

"应该是一条巨大的白鲢！""半袖哥"说道。

"不过我想这大白鲢也不是人们常说的湖怪。因为那湖怪在水里是椭圆形的，但也绝对不是乌龟王八啥的！""半袖哥"再次非常笃定地摇头，否认了我们之前的猜测。看来此怪也非彼怪了。

窗外，雨渐歇，又到该出发的时候了。可是关于怪物的谜题还是没能解开。望着逐渐恢复平静的湖面，我在想，一直以来的谜题未解或许是件好事情，这样我们这百里山峡就会更加传奇和神秘了！

当天晚上，夜宿门头沟，我又想起了白天这些不平凡的经历。感怀之际，便赋诗一首：

永定行·百里山峡

舟宽涛连雨，岸狭湖映峰。

若非饥肠辘，哪得此修身。

卧虹铺绣锦，湖怪影浮沉。

秉笔多感悟，子夜亦纷呈。

举人村

07

一阵风吹过，叶语沙沙，这可是灵水学子们诵读四书五经、唐诗宋词的记忆回响？

深奥的文化谜题

风水学是汉民族历史悠久的一门玄术，也称青鸟术、青囊术，较为学术性的说法叫作堪舆术。其实这门玄学核心思想大概就是追求人与大自然的和谐，力求达到"天人合一"的境界。

如果单就外环境而言，好风水就是好地方，以依山傍水、左右有靠、风柔光足、地势平坦为佳。道教龙门教教主丘处机设计建造的新疆八卦城、"三面湖光抱城郭，四面山势锁烟霞"造就的昆明、"山如北斗城似锁"的温州、"三道水口锁大江"的衡阳，皆是古人基于风水学选址建设的神来之笔。

城有城运，村有村运。京西永定河支流清水河畔的爨底下村，其风水在中国乡村中大可一论。这个村坐北朝南，整个村子坐落于沟谷地带半坡之上，依山而建，层层升高，呈扇形缓缓铺展开来。村右边有内外白虎山，村左有内外青龙山，特别是内青龙山在起伏之中隆起三个山头，颇似虎、龟、蝙蝠三只吉祥物，分别寓意禄、寿、福。村上一公里，百米南湖（一线天）像只喇叭，强纳东方紫气，拂祥入户。或许藏风聚气的环境优势真的起到了聚财效应，尤其清末，这里出了闻名京西的大财主及远近知名的"八大家"，村里有钱人那叫一个多，以致在今天留下了那么多阔绰幽深、鳞次栉比的明清宅院。

当然也有先天禀赋远不及爨底下村的，却也可以独领风骚、人杰地灵的地方，这就是京西赫赫有名的举人村——灵水村。

其实灵水距爨底下不过20公里，两村皆属中国历史文化名村，不过灵水的"硬核"确实更硬！明清以来，这个只有300余户人家的村子竟然走出了22名举人、2名进士、10名国子监监生、9名燕京大学学子。别说北京，这种文化现象在全国也屈指可数。

我虽不懂堪舆之术，但从直观感受来讲，灵水的风水确实没有爨底下那般优渥。据当地人讲，灵水村是由"灵"和"水"两部分组成的。灵水原称"冷

水"和"凌水"，后演变为"灵水"。灵即指此处人杰地灵；水是指过去村里有72眼井，水质清冽甘甜，泉水亦有疗疾功效，因此定名"灵水"。如果说非要找点这个村比较称奇的地方，那就是倘若由村子的南岭上俯瞰整个村落，您会发现它的形状颇似一只大乌龟，有人说灵水是建在"龟背"上的村庄。不过不管怎样，如此普通的山村能够做到新锐尽出、人才济济，确实称得上传奇。

我们"永定行"摄制组是从爨底下村直达灵水村的，此时灵水的"秋粥节"刚过去一周，村里经过几天的喧闹后又恢复了往日的平静。

这次，我们是抱着景仰的心情而来，在青石铺陈的老街上努力搜寻和吸吮着残留的文化气息，思考着这种独特的文化现象。街道上很是清寂，古朴的院门错落在两旁，整个村子静默在柔柔的时光里，许是中午的缘故，走上一段竟看不到一个人影。

灵水村前后有三条石头街道，层层叠叠的房子簇拥在一起，遥想当年这个地处门头沟区斋堂川的古朴村落，人文鼎盛、书声琅琅。少长咸集纵论古今，邻里和合勤俭崇德，黄发垂髫其乐融融，翩翩少年园田耕读，是一幅多么温馨隽永的乡村图画。

看老宅、思名士，体验乡贤文化，灵水确实有它不一样的烟火。我们继续向着巷陌深处探究，只见那渐入眼帘的座座老宅素雅明致，青砖灰瓦，槐枝探墙，古韵浓厚，就像淡墨皴染的老画。在一处宅院前我驻足，只见这老宅院门紧锁，已经荒废多年。从门缝窥去，庭院内虽是杂草疯长，却也青碧叠翠，这一帘幽绿掩映着后面的门庭轩窗，屋内空间布局、用具摆设，甚至故人往来穿梭、谈笑风生等诸多情形便都由了我的浮想。

灵水多举人，其宅院亦可称为大观。在这里现保存完整的"举人宅院"以刘增昆、刘懋恒、刘增广宅院等最为雅致。明代富绅刘增昆的宅院又被称为"一门五举府"，是五座相连的四合院，几进院落一进比一进高，直至上到一处高台，寓意"步步高升"。在这个"苔痕上阶绿，草色入帘青"的连环院落里，刘氏后人刘明玉的五个儿子寒窗苦读一番接力，在雍正年间先后中举，在当地传为佳话。

曾任山西汾州知府的刘懋恒是从灵水走出去的最大的官。他13岁考上秀才，16岁考中举人，授内阁中书，以"敬天勤民"的论述得到康熙皇帝的肯定。刘懋恒的故居原为五进相连的大四合院，经过200多年的沧桑变迁，现在已分为一个个独立的院落。那些留存下来的跨山影壁、垂花门、具有南方风韵的隔扇，由此仍可想见当年的规模和别致。

在灵水举足轻重的人物还有刘增广，他比刘懋恒晚出生了235年，清光绪二十一年（1895）应顺天府科考，他得中"甲午"科举人。大约在光绪二十三年步入仕途，先后任山西左云县、静乐县知县，吉州知州和候补知府。进入"民国"以后，又在家乡兴办教育。

走进刘增广乡居的老宅，整个大宅院分为前院、中院和后院，共有房屋二十余间。这里的建筑特征处处体现出乡村士大夫风范和文人的风雅。三进的四合院青砖灰瓦，雕梁画栋，布局讲究。门楼、影壁、石阶散发着古香古蕴。斑驳的光影下，那些砖雕、花饰显得愈加明快、简洁、俊朗。

不过，这宅院商业化气息显然浓了点，"举人正院"牌匾上多余的空间已被涂鸦，"住玩在举人店、刀削面、水饺"等字样让人哭笑不得。院子里的空间已被供游客餐饮的小方桌占据，遮阳伞歪脖树般斜插在一旁。看到这些让人很难再联想回味起这宅院前世的风景，似乎只有闭上眼睛，摒弃那些杂七杂八，我的神思与情思才能光顾这里。

当然除了老宅，灵水人也把这些文化元素体现在了他们的小广场上，在那里，一组由"孺子可教""寒窗苦读""赴京赶考""骑马跨街"组成的举人铜像群竖立其中，人物活灵活现，栩栩如生，再现了当年灵水人攻读的勤奋和金榜

题名时的喜悦。

灵水为何多举人？在整个走访的过程中，我在不断思考这个问题，难道他们也是因了风水的"加持"？答案当然是否定的。可是除了风水论，灵水人才辈出的原因究竟是什么呢？原来这里的人们除了早早悟出"学而优则仕"，只有借助科举制度改变命运外，以"灵水八德"为主要内容的道德教化作用也非常关键。甚至在今天，由之形成的乡贤文化仍然被世人所大力推崇。

乡贤文化是根植于中国传统乡村社会的一种文化现象。乡贤一般是指在乡村中逐渐涌现出来的，或是曾在外为官、为学而返归乡里、取得民众认同，有威望的精英人物。在传统的中国乡村，各个地方大都有自己的乡贤，他们的道德品行、阅历资历及通达事理、明辨是非的能力为百姓所认可，常成为当地人的行为榜样或精神楷模，由此无形中形成了一种自然的教化力量。在一些地方，乡贤们顺势对乡村秩序进行有效规范和引导，从而促进了各种乡约的形成。

在中国，陕西蓝田的《吕氏乡约》成为乡贤文化的集大成者。这一乡约在宋神宗熙宁九年（1076），由蓝田桥村人吕大钧创建。吕大钧出身名门士族、书香门第，是北宋思想家、教育家、理学创始人之一张载的弟子。吕大钧兄弟五人中，有四人登科及第。除吕大钧外，吕大忠官至陕西转运副使、加宝文阁直学士；吕大防位至宰辅；吕大临长于理学和金石学；他们被称为"吕氏四贤"。正是在其他兄弟三人的协助下，《吕氏乡约》得以创建。

乡约以"德业相劝，过失相规，礼俗相交，患难相恤"四款条文总领全篇，运用道德的力量对乡村进行有效治理。它不仅在吕氏族里实施，而且在整个关中地区得到推广，成为中国历史上最早的成文乡约，被国学大师钱穆称誉为中国人的"精神宪法"。

同样在灵水，刘懋恒的入仕而不忘桑梓、刘增广后来的还乡闲居以及众多举人的集聚，为当地乡贤文化的形成发展提供了重要的保障。他们以自身的品德修养树立道德高标，以乡贤身份引领当地生产发展、规范生活秩序，使灵水形成了"诗书济世、生财有道、君子不争、猪羊圈养、龙池三禁、核桃晚打、捐资赈灾、共喝秋粥"的村规民约，被人们称为"灵水八德"。

这"八德"中，前贤的道德引领作用是非常明显的，比如其中的"共喝秋粥"就缘起于刘懋恒和其父刘应全的乐善好施。康熙年间，斋堂川发生水灾，刘懋恒父子捐粮赈灾、搭设粥棚、救济灾民。《宛平县志》记载了父子二人捐谷赈灾的事迹："国朝刘应全宛平人，世居灵水村，为人敦朴无伪，于康熙七年十月内水灾同子懋恒赈济饥民，捐谷两千七百石；又于康熙二十一年二月内旱灾赈济饥民，捐谷一千石，诚尚义人也……"为教化村民，纪念刘懋恒父子数次赈灾的义举，从清末民初起，刘增广提议每年立秋时节村人一起煮粥喝粥，通过这样的形式来教育大家要团结互助，同舟共济。

可以说，在"灵水八德"的形成创建上，刘懋恒、刘增广这两位社会贤达珠联璧合，心灵默契，出现了跨越百年的情感共振，一位自树标杆，引领示范；一个见贤思齐，倡导推行，由此产生的合力也是空前的。除了捐资赈灾、共喝秋粥外，灵水人所倡导的"君子不争"，仍然和刘懋恒、刘增广有直接的关系。

据说，一直在外为官的刘懋恒刚正清廉、慈善宽恕，深受辖区百姓敬爱。在他的一次迁任时，当地百姓怕他不接受礼物，就赠送了一盘石碾，刘懋恒便将这石碾运回村里，供大家公用。后来，村民们在使用过程中常因为谁先谁后而发生争执，得知此事的刘增广便在公用碾坊的墙壁上写下了"君子不争"四个大字，教育大家要文明谦让，与人为善，和谐相处。后来这四个字逐渐成为当地的公共信约。

当然，除了刘懋恒、刘增广的思想行动引领，几百年来勤劳智慧的灵水人

也在日常的生产生活中，总结出一些朴素的规矩约定。在该村龙王庙前有一八角水池，曾是村民共用泉水的地方，池旁庙墙上有一块"三禁碑"，此碑立于康熙辛未年，即 1691 年，距今已有 300 多年。碑高近一米，宽不到半米，在这块碑上明确提出了"池内三禁"和"池台三禁"的村规。池内三禁为：凶泼投跳、愚顽搅混、儿童行溺；池台三禁为：宰杀腥膻、饮畜作践、浆衣洗菜。体现出灵水人对水源保护的重视。

在"灵水八德"的规范和滋养下，灵水人立言、立德、立信，大兴儒雅之风，这些极大地促进了当地文化氛围的形成，一时间小小村落书声琅琅，文风沛然。私塾、社学先后开办，新式学堂雨后春笋。1934 年，学堂人数达到六七十人，教师的工资由村里负担，全村的孩子无论贫富都可上学，尊师重教、读书上进蔚然成风。

由此可见，"举人村"的人才辈出绝非幸运和偶然！

我们离开灵水的时候，一些老人已经陆续出门纳凉，他们坐在街口那熟悉的大青石上，袅袅乡音便开始在这石头街巷间千回百转。此时，南海火龙王庙里，千年老树"榆柏相抱"，苍黛交映；灵泉禅寺遗址上，几百年的老银杏"雌雄同体"长势茂盛。难道村人在植下它们的同时，也把"和合包容"的基因一并植入其中？一阵风吹过，叶语沙沙，这可是灵水学子们诵读四书五经、唐诗宋词的记忆回响？

幡会 08

尊崇、寄托、践诺。

幡会不去，有幡必回。

———
诸神何在

　　时令虽是腊月底，但我总感觉春天已经不远，不知道是因为冬阳向暖还是心境使然。今天已是腊月二十五，渐近的鼠年里各种民间社火活动又将扮靓鹿城，这又让我想起了大寒岭下千军台村那撼人心魄的古幡会。

　　清水尖、髽鬏山、大寒岭、老龙窝、百花山，京西千军台村是镶嵌在这些大山沟谷间的一块璞玉，这个村早在宋朝以前就已建村，村西的大寒岭，史称"大汉岭""摘星岭"。汉朝时期，匈奴东支在今河北怀来、涿鹿矾山、蔚县盆地一带建"单于之庭"，并一度侵入西山腹地斋堂川，威胁幽州（北京），大寒岭成为汉朝与匈奴的边境。这里也是京西古道（玉河古道）的必经之地。如今，仍有百余户人家生活在古老的千军台。

　　秋日的一个午后，我顺访这里进一步了解幡会概况。此时"秋老虎"正盛，干燥的水泥地上弥漫着一层朦胧的热气，打着遮阳伞匆匆穿行于街巷内，仍觉身上仅存的一点水汽似乎瞬间就会被蒸发掉。

　　千军台更像一座石头城，老房子以石为基，石头砌墙，石板屋面，青石村巷，那些广布在街巷庭院里的老槐新槐，是这里最柔嫩的缀点，它们各取姿态，撒下一片片清幽静雅。

　　明代《长安可游记》这样描写千军台："四山空翠，欲湿衣裾。"由此可见，当时这里自然植被的茂盛。主街东端的千年古槐树堪称"槐王"，也是村里的象征和标志性景观。它中空的主干已呈门洞，却依然傲骨凛凛，叶茂枝繁、浓荫蔽日。

　　了解古幡会是此行目的，不过之前在村口一位大姐已告知我，几个幡会的组织者都出门在外，所以我也只能做些随访工作了。经过古槐的时候，树下五六位老人正在打牌乘凉。看人家兴致正浓，我踟蹰再三，还是觉得不好意思叨扰，于是继续向前。恰好主街拐弯处的长条石凳上还有两个人闲坐，我急忙上前拜问。这俩人当中，看上去50多岁模样，身体结实、皮肤黝黑、戴黑框眼镜的叫刘广玉（下称"广玉叔"），他浅蓝的长衫只系着两道扣子，很是健谈；另外一位老人也姓刘，花白头发，半袖T恤，年龄稍微大些。聊起村里这具有400多年历史的幡会，两人都一脸的自豪。

千军台古幡会源于明朝，原名为"天人吉祥圣会"，又称"天仙会"。让我理解就是各路神仙的风云际会吧。每逢年节，那些祈求平安顺遂、五谷丰登的乡民们就把这些神仙请来，礼乐香火茶点供奉一番，让他们乐乐呵呵，仙颜大悦，多加佑护这方水土。不知道我的理解是不是有些片面？不管怎样，这种仪式内容、组织形式在中国乡村并不多见。经过几百年的传承发展，这一色彩神秘、声势浩大、古朴热烈的盛会虽然短暂退出过历史舞台，却历经坎坷而终未衰落消亡。现在每年的正月十五、十六，门头沟区千军台村和邻近的庄户村都要联合举办这样的盛会，这也成为京西和华北地区独特的民俗文化活动。

这古幡会上众幡齐出，长幡是主角，幡呈立式（又称筒子幡），其色彩鲜艳又不失庄重，古朴中体现和合。幡旗的幡杆高8米，幡约5米多，每旗重达五六十斤。幡旗之中既有佛教、道教之信仰，又有生产崇拜习俗等内容，分置窑神幡、马王幡、龙王幡、三圣幡、三官幡、子孙幡、地藏幡、观音幡、老君幡、玉皇幡等。

千军台的古幡会我曾亲见，不过那次确实太匆忙了，也就十几分钟的观看时间。只记得那冬日的山川古道上，人声鼎沸、幡旗猎猎、锣鼓震天、笙钹齐奏，童叟青壮皆乐在其中。但见那主幡高擎直插云天，绣着各路神仙名号的幡旗依次列队而出，一路上吹吹打打，壮实的青年小伙时而背转换幡，时而牙咬托幡，秀着精湛的斗幡技艺，花会舞蹈也穿插期间，过街走村的队伍长达500米。

"据说我们千军台的幡会是皇帝爷'敕封'的！还有御赐的'镇会之宝'——金锤、金铜，用来起到震慑作用，防止有人冲会。不过金锤、金铜没

见过，倒是有（留下了）银锤、铁铜，只是后来不知去向了。"广玉大叔告诉我。坐在阴凉处，加上和两位大叔聊得投机，我倒不觉得怎么热了。广玉大叔扶了扶眼镜，继续向我介绍"走会"的盛况。他说每年正月十五这一天，庄户村的十面大幡会走出龙泉庵庙，从那里到千军台村村口会合，两村村民簇拥20面幡旗举行接会仪式；正月十六千军台村古幡会又会去往庄户村"走会"，相当于回访。而幡会期间的"号佛会"也非常庄重神秘，尤其是那"号佛"古曲相当古老，村里会唱的人已经不多了。

据了解，千军台每次幡会开场的仪式"号佛"，其古老和震撼不亚于华阴老腔、纳西古乐。这是一种诵唱赞颂神佛功绩的古歌，声腔玄奥苍凉，腔调粗犷厚重，虽然多数人听不懂，却能感受到其中的庄严和神圣。

"号佛会"可能在明代就已经存在，一般由14位男性歌者组成。由于各种历史原因，"号佛"一度中断了长达40多年，近年来才得到恢复。当然比这"号佛"命运更加多舛的还是古幡。抗日战争时期，古幡曾遭遇大劫，日军4次烧村，屋舍被焚，一片焦土，几代人珍藏的幡旗也被烧毁，幡会也因此中断了。直到20世纪60年代初，村里的几位老人决心恢复古幡会，在全村发动募捐，你家出一尺布票，我家出一点钱，终于重新制作起一套幡旗。可是好景不长，幡会被当成"四旧"破除，幡旗又被烧了，幸好"会首"带着村里人连夜把贴绣的神像拆下悄悄保藏。直到20世纪80年代，幡会恢复，这贴绣的神像才重见天日，被缝在新的幡旗上，一直使用到今天。

"这'举幡'是个体力活，都是小伙子来举吧？不过像您这体格还行哦？"交谈间我半开玩笑地问广玉叔。"嗯！行倒是行，不过这幡也不是谁都可以举的，按照传统，过去这每一面幡由谁来举，都是有说法的。"广玉叔回答道。

"咱这离市区这么近，现在年轻人都离开家乡，外出置业打工了吧，这幡还有人举？"我不解地问。

"举行幡会的时候年轻人就都回来了，我们这村里在外工作的孩子，大年初一可以不回来，但是正月十五、十六是必定会回来的！"

"对！每年正月十五前，外嫁的闺女，村里的年轻人都会赶回来，举幡的、护幡的、表演的，还有服务的，都需要人手呀！"另一位刘姓老叔接了广玉叔的话补充道。

"看来他们把这幡会看得挺重要的！""是呀，这可是老祖先留下的东西，都必须认真对待！"广玉叔坚定地说。

同二位老叔聊罢，虽然知道"会所"（天人吉祥盛会基地）这个时间段是没有人的，但我还是想去看上一眼。这"会所"离此不远，走上几步拐个弯再走上一截也就到了。只见它门脸不大，青砖灰瓦，并不显眼，老旧的双扇门紧锁着，门楼上瓦缝间秋草茸茸，开着不知名字、朴素而寻常的黄色小野花。

每年的幡会筹办大概就在这里吧？那幡旗可能就保存在房间某个古色古香的柜子里吧？门缝很宽，可惜一席影壁挡住了我的视线，我也只能生发出这些想象了。据说除了幡会期间，以及每年九月的晾晒外，幡旗和所有的家伙什儿都会被妥善地收藏保管起来，尤其那幡旗是不能示人的，这是千军台祖辈传下的规矩。看来即使我能进去，也是看不到任何典藏之物的。

我不清楚几百年前的千军台得了怎样的机缘，会诞生或承继了如此古朴独特而原汁原味的民间圣会，或许千军台人也不能给出答案吧？

浩浩幡会，热烈奔放。那五彩亮丽的幡旗洋溢着的是中国农民最纯的真善美，那我未曾得见的古老"号佛"和传统叩拜所蕴含的，当是人们祈求风调雨顺的最质朴愿望和精神追求。想想那些无论山高水长都不忘归期的孩子们吧，准时参加幡会是他们对传统的尊崇，是无法抹去的乡愁，也是一份沉甸甸的践诺：幡会不去，有幡必回！

古幡会的发展还会遇到瓶颈吗？这个传承了500年的国家级非遗项目会得

到有效的保护和承继吗？"村子里缺水，只能在早晚定时放一个小时的水，水只够人吃了，浇个菜园子啥的几乎不可能。"我突然想起广玉叔刚才和我说过的话。多么希望这里能早一天摆脱干旱缺水的困境，更希望千军台的古幡会能够很好地传承发展下去，不会有任何隐忧。

瘦马 09

絮飞飘白雪，鲊香
荷叶风，且向江头
作钓翁。

———————
这不是他想要的结果

"枯藤老树昏鸦，小桥流水人家，古道西风瘦马。夕阳西下，断肠人在天涯。"700多年前，漂泊在大元帝国的马致远心境凄凉而迷惘，睹物思情，遂写下了这首著名的小令。

"时光容易把人抛"，然而经典就是经典，无须徒叹风尘去抹，亦如上面这首《天净沙·秋思》，它灿灿然轮回在白昼流星里，惊艳了几百年来生生不息的华夏文脉。致远先生也因此声名鹊起。

马致远，字千里，号东篱（一说字致远，晚号"东篱"），大都（今北京）人，另一说他是河北省东光县马祠堂村人。他是历史上著名的大戏剧家、散曲家，与关汉卿、郑光祖、白朴比肩而立，支撑起元帝国的文学天下。

永定河畔门头沟韭园的西落坡村有处元代古民居，村民们世代相传此地为马致远故居。世人也深知马先生的卓越超凡，遂把故居进行修缮整理。因了马先生曲作中有"白发劝东篱，西村最好幽栖"的描述，我倒是很愿意相信他确曾蛰居此地，便趁工闲前去探究一番。

入村口不远便是马先生故居，门前已建置小桥流水，颇合古韵意境。交上少许"份子钱"（门票）后便可入内观瞻。走进故居，这是一处坐西朝东的大四合院，院内古朴雅致，静谧深幽，十几间房屋分置西、北、南三面，马老先生的坐像居于院中一棵老槐树之下，只见他浓眉短髯，眼神炯炯，手捧书卷，神色恬然。而额头上纵横的皱纹又似乎在述说着他郁郁坎坷的一生。

元代对于文人来说，是个不堪回首的年代，统治者的重武轻文，轻视汉人，彻底颠覆了他们"修身、齐家、治国、平天下"的处世之道。

元政权在政治上奉行民族压迫政策，实行带有浓重种族歧视的民族政治等级制度，把人民分成了蒙古人、色目人、汉人、南人四等。具体从文化上又分为：一官二吏三僧四道五医六工七猎八民九儒十丐共十个等级，儒家文人成为略高乞丐一格的末等人。这真是让文人们羞愤至极啊！

在马致远生活的年代，蒙古族统治者开始逐步"遵用汉法"和任用汉族文人，但又未能普遍实行，这给汉族文人带来了一丝希望和幻想，而更多的则是失望。马老先生就是这样的受害者，他年少时雄姿英发，满腔热血，曾有过"佐国心、拿云手"的政治抱负；他读书刻苦，勤奋有加，然而命运并不垂青于他；他效仿前人，曾写诗"献上龙楼"，却并未引起当朝皇帝的重视。

马致远前半生一直热衷于入仕及第，然而尽管他折腾半生，所任最高的官职不过是从五品的省务官。官场失意、怀才不遇，老马失望了，也累了，他开始流寓民间，过起"酒中仙，尘外客，林间友"的生活，并把这种苦闷、愤懑凝于笔端，全身心投入到杂剧和散曲创作中。

他伤感哀叹：

穷，男儿未济中，风波梦，一场幻化中。

夜来西风里，九天雕鹗飞，困煞中原一布衣。悲，故人知未知？登楼意，恨无上天梯。

絮飞飘白雪，鲊香荷叶风，且向江头作钓翁。

中国古代失意文人太多。李白"举杯消愁愁更愁"，杜甫"古来材大难为用"，辛弃疾"阑干拍遍，无人会，登临意"，苏轼"小舟从此逝，江海寄余生"。然而却也未如大元帝国这般，出现如此集聚性的薄凉。马致远如此，"元曲四大家"中另外三人，其人生境遇亦如此。这四人中，如果按生年早晚，可以排列为关汉卿、白朴、马致远、郑光祖。

关汉卿出生最早，史书上有关其生平资料匮乏，只能从零星的记载中窥见其大略。史学家分析，关汉卿很可能是元代太医院的一名医生。作为才华卓著

的文学巨匠，他被迫放弃了传统儒士的生活方式和理想追求，最终走向市井，一生流连在勾栏瓦舍、歌台舞榭。《析津志》说他"生而倜傥，博学能文，滑稽多智，蕴藉风流，为一时之冠"。他以杂剧为武器，抨击统治阶级的罪恶，揭露封建制度的黑暗，歌颂被压迫、被剥削、被奴役人民的善良品质和勇敢的斗争精神。其作品观点鲜明，立场坚定，平民化、接地气。

白朴晚汉卿七年出生，其父在金朝为官，其幼年适逢元灭金的乱世，九死一生的经历和颠沛流离的生活，让他对蒙古族统治者充满了厌恶，他无意于建功立业，拒绝了朋友的极力举荐，只是以纵情诗酒、游乐山水为己事。

"知荣知辱牢缄口，谁是谁非暗点头"。"诗书丛里且淹留，闲袖手，贫煞也风流。"从白朴的这些词曲作品中我们可以窥见他的无奈和与世无争的处世态度。

再来说郑光祖，他早年习儒为业，也曾补授杭州路为吏，他"为人方直"，不善逢迎，弃官后隐于杭州，与伶人歌女相交。郑光祖的剧目多叙述历史故事，讴歌男女爱情。郑老先生似乎已经远离政治，与己再无任何牵绊了。这一点与白朴极为相似。

关汉卿的爱憎分明，不媚权贵，绝不妥协；白朴的深恶痛绝，永不入仕，游历江湖；郑光祖的远离政治，划线撇清，专事创作；他们同样生活在压抑的时代，却又打上了鲜明的个性烙印。马致远属于哪一款呢？他的处世态度似乎更为复杂些。

马老先生的故居功能齐全，被划分为书房、卧室、客厅、厨房等，这大概也是世人根据中国传统民居设置和居住习惯臆想揣摩出来的吧？现在这些房间又兼具展陈功能，右厢房叫东篱馆，是老先生的起居室，陈列着古衣柜、长条桌、带有雕刻的圈椅及山水书画等；左厢房现为故居陈列馆，馆内先生坐像居于屋子中央，面前置一古琴，身后大概是一幅自画像，两侧配以"一曲秋思成绝唱，半生杂剧到名家"的对联，老先生呈抚琴状，但见他神色凝重、满脸沧桑、愁肠百结、若有所思。

史料记载，闲居中的马老先生羡慕陶渊明的洒脱和快意，他崇拜陶渊明，效仿陶渊明，他用词曲来抚慰心灵，治愈创伤，努力追求心境的舒朗和达观的人生。

绿水边，青山侧，二顷良田一区宅。闲身跳出红尘外，紫蟹肥，黄菊开，归去来。

东篱本是风月主，晚节园林趣。一枕葫芦架，几行垂杨树。是搭儿快活闲住处。

悟迷世事饱谙多，二十年漂泊生涯，天公放我平生假。剪裁冰雪，追陪风月，管领莺花。

然而，马致远的后半生虽一直把陶朱公视为精神偶像，却始终无法企及朱公的精神高度，尽管他词醉园田，可在他的内心深处却始终放不下。放不下过去，放不下朝堂，放不过自己。他彷徨、压抑、苦闷、愤恨。他在西落坡的四合院里徘徊踱步，簌簌枣花飘落在阶台上，宛如他心头眉头倏忽而来的怅惘。他在秋风萧瑟的王平古道上行走，那漫卷天际的落叶飞扬着他的愤懑。

马致远游走在矛盾挣扎的内心世界里，他努力追求恬淡安逸，物我两忘，又渴望有一天能够得到皇帝的赏识，在朝堂建功立业，以致在晚年还有着"老了栋梁材""恨无上天梯"的抱怨。在他大约七十岁时，还为朝廷歌功颂德，写下了"至治华夷，正堂堂大元朝世""圣明皇帝，大元洪福与天齐"的颂圣词句。他的一生始终混沌着，看不透也参不破。

执念不除，又怎谈放下？

不过也正是这些复杂心态令马致远有感而发，文思泉涌，在戏剧和散曲创作上摒弃了千篇一律，继而独树一帜，成就卓越。他著有杂剧15种，散曲100多首，竟超过了其余三大家的总和，被誉为"曲状元"。

其实在 2008 年以前，马老先生的故居还是薄瓦零落，垣墉且圮，荒草盖顶。后经过一番修葺，房前的老槐树，屋后的枣树，便成为最原始的存在了。许是为了表达"西风瘦马"的意境，院落及其一角分别有两匹马的立式塑像，不过这马着实有些肥硕了，格调不符，经不起推敲。

不过这倒让我想起了宋末元初诗人、画家龚开《骏骨图》里的那匹瘦马，它瘦骨嶙峋，肋骨历历却精神矍铄，似有千里之志。画作中还有一首自题诗："一从云雾降天关，空尽先朝十二闲。今日有谁怜瘦骨，夕阳沙岸影如山。"这样的马，本当有大用，本应驰骋疆场纵横八荒，可是，今天的它在经历了岁月的风霜雨雪和山河沟谷的磨炼后，已经变得老态龙钟，只余些精气神了。在残阳余晖映照的沙岸之上，它形单影只，犹如兀傲独立的山峦。就像晚年的致远先生。

是置身尔虞我诈的庙堂，侥幸在青史上发点短暂的微光？还是将"小我"融进艺术的殿堂，成为世人所景仰称颂、千载流芳的"大我"？后一点，马致远做到了，却不是他想要的结果。

大寨·隔空望徽宗

10

宋端平元年四月，

南宋将金哀宗尸体

在临安太庙祭祖。

天道又一次轮回？

故国不堪回首月明中

一

别了马致远，我还是踟蹰在了西落坡。成因出故居大门时与一众擦肩而过。而巷外小广场上竟一字排开停了三辆警车，能在这京畿重地蒙此安保厚遇，足见中间那年长者身份之特殊。

据巷口叫卖京白梨的大叔透露，这些人是先去了大寨又赴故居的。

"西落坡来落难坡，大寨圈圄舛梦多"，据说这大寨可是关押过徽宗钦宗二帝的监狱。

此刻访者是谁已不重要，重要的是我去大寨考察一番的情致陡然升高。躬身几次询问，方知大寨就在巷陌更深处，距马先生故居不过百米。小小村落能有两处可以讲出大故事的地方，确实难得！

我让小许他们在车上小憩，独自从并不宽敞的巷口步入。大约20米后一个左拐，一栋古老的石头房子突然横在了近前，它的出现，让原本已不宽敞的街巷显得更加拥挤。这石房子外墙的墙皮已被风雨剥蚀殆尽，只剩下干巴巴的石质筋骨裸露在外。房顶上覆着薄瓦，早已失了生命的衰草一缕缕地垂在瓦上，颇似老人的华发。房子的后面和侧面较高处设有窄小的、已经歪扭变形的木质窗户，而房子的正面被一幢二层小楼紧紧贴住，看不清大概。

与周遭光鲜的现代楼宇和仿古民居相比，这房子太格格不入了。显然这是一处刻意保护起来的文物古迹。而从形制来看，它也绝非普通的民居，难道这就是传说中关押过徽宗钦宗二帝的监狱？不过看此地势特征，结合有关学者文章论述，我又觉得不怎么像。

向前看，巷子的尽头是一家住户的院门，小巷又将顺势右拐；抬望眼，初秋的天空愈加高远，那卷舒戏飞的流云似乎正在讲述着大寨的故事和900年前宋帝国的种种过往。

当然，这些必须从徽宗讲起。

北宋元丰五年（1082）农历五月五日，神宗皇帝的第十一个儿子、后来的徽宗——赵佶出生了。历史上，几乎所有帝王的降生都要被烘托渲染一番，以此彰显君权神授。譬如隋文帝杨坚出生时"紫气充庭"、唐太宗出生时"有二龙戏于馆门之外，三日而去"。不过赵佶的出生倒是没有如此夸张，只是其父神宗前日看了南唐后主李煜的画像，言徽宗"生时梦李主来谒，所以文采风流，过李主百倍"。也就是说神宗认为这赵佶是南唐后主李煜托生的。后世令人称奇的是，这赵佶精书法、工绘画、通音律、善诗文，是古代颇有建树的艺术型皇帝，与李煜竟如出一辙。而两人被俘的命运也极其相似。

那么徽宗作为堂堂一国之君为什么被俘？被何人所俘？被俘后又是何等境遇呢？这事还得围绕燕云十六州说起。

历史上的燕云十六州地势险要，易守难攻，是中原王朝的北部屏障，倘若失去了十六州，将直接导致中原腹地赤裸裸地暴露在北方少数民族的铁蹄之下，军事战略地位尤为突出。可是这十六州偏偏被石敬瑭拱手送了人。

公元960年，出生军人世家的赵匡胤建立宋帝国，若不收复十六州，怎能睡得着?! 因此收复失地成为帝国第一要务。从太祖始，一方索要，一方不予，连年征伐，刀光剑影，以致燕云十六州成为北宋历代皇帝的隐痛，也成为宋辽之间结下的最大梁子。而到宋帝国的第8位皇帝，宋徽宗赵佶时，一个千载难逢的机会似乎真的来了。

辽天庆四年（1114），一直受辽统治压迫的女真族崛起，金太祖完颜阿骨打统一女真诸部后起兵反辽，建立金国。在共同利益的驱使下，宋徽宗决定连金谋燕，并于1120年与金国订立"海上之盟"，双方约定共同出兵辽国，辽亡后北宋把原本纳辽的岁币转给金国，作为交换，金把燕云十六州还与宋。

事情的进展似乎很顺利，两国合兵灭了辽国，合作双方原本可以各取所需，各自圆满，可金国却突然赖账！虽然宋徽宗之前也明白唇亡齿寒的道理，却没想到这金国翻脸比翻书还快，十六州不曾还，"金狼"原形毕露，竟拍马突袭而来！

公元1125年10月，金军大举南侵，汴京危卵。正如后世元朝宰相脱脱掷笔而叹的评价："宋徽宗诸事皆能，独不能为君耳！"事情也确实如此，"艺术之星"徽宗着实选错了职业。面对战况，他又怕又急，再也不能吟诗作画、游戏踢球、丝竹盈耳、看宫娥舞袖翻飞了。12月在各方压力之下，他顺水推舟，匆匆忙忙把皇帝之位禅让给太子赵桓，即后来的钦宗，自己跑路了。

钦宗能有何为？他非救世主，不过是个临危受命无奈登基的皇帝，他虽被迫启用主战派李纲抗金，斩杀罢黜蔡京一党，却无法挽救北宋166年的劫数，况且在主政的一年多时间里，他表现出的多是懦弱无能和优柔寡断。哭泣、惊惧、求和成为他"弘扬"的主旋律。

而这一年我们的太上皇赵佶先逃亳州（今安徽亳州），又奔镇江（在今江苏）。靖康元年（1126）二月，在宋廷答应割让河北三镇之后，金军佯装北退，此时钦宗认为皇城应该安全了，便命人将老爹接回了京师。可惜的是爷俩对局势的判断出现了致命的失误，金人退去不过几月后便又卷土重来。

靖康元年十一月，金国完颜宗翰率领的西路军与东路军合围开封，而金军在攻下开封外城后，并不急于继续攻城，而是想不战而屈人之兵，假惺惺地宣布：这事可以和平解决，你宋廷只要割块地给我们，我们就退兵。不过我们可是好面子的人，你这个首席谈判代表必须顶级权威，我看就让你们的太上皇过来吧。

此事，宋钦宗赵桓还真信了！他爹徽宗却没有这个胆量，赵桓不得已，一哭一跺脚一狠心，自己去呗！好在初赴金营曲意逢迎乞尽哀容，三日后总算被

066

放了回来。随后尽管北宋朝廷奴颜婢膝，倾尽金银财宝、美女骏马献上，但金人仍不满足，并要求钦宗再次到金营商谈。"你若不来，我们就要纵兵入城抢劫啦！"钦宗无奈再赴金营。而这次他自己不但回不来了，到最后老爹徽宗也被迫入营求和沦为俘虏。

此时的汴京，老百姓食不果腹，饿殍遍野，城内钱粮财物、书籍乐器、诸科医生、教坊乐工、各种工匠、姿色女子悉被劫掠。金人在撤退时，烧毁开封城郊的房屋无数。"东至柳子，西至西京，南至汉上，北至河朔"地区，金兵"杀人如刈麻，臭闻数百里"。

此刻，东京梦华、清明上河皆成绝唱，而徽宗钦宗二帝的噩梦才刚刚开始。

二

靖康二年仲春，金军在掳掠了大量金银财宝后开始分两路撤退，徽宗钦宗二帝以及他们的皇后、嫔妃、皇子、公主（帝姬）、亲王、宗室、外戚和朝廷大臣，甚至包括艺伎、工匠、厨师和娼优各色人等10余万人开始一路跋涉，其屈辱的俘虏生涯也就此展开。

"昔人已乘黄鹤去，此地空余黄鹤楼。"崔颢笔下的黄鹤楼"游必于是"，蔚为壮观。而关押"二帝"的大寨究竟在哪里？我似乎仍不得见。

西落坡是寂寥的，我继续沿着巷子行走，却无人影。一只黑色瘸腿老猫徘徊在巷子里，状若幽灵，随着我向前的脚步一挪一动，几步一回头地注视着我。想来如当下中国农村的现状一样，年轻人不是在外读书就是打工谋职，村里空了"巢穴"，剩下的老人也多是深居简出吧。

再前行数十步，前面是一堵砖砌的矮墙，墙上挂着块牌子，我抵近观瞧，上面写着"北京市门头沟区普查登记文物——西落坡村大寨"字样，看来右手

边抬眼可望的这片区域就是大寨了。

《北京门头沟村落文化志》载："大寨呈长方彤，南、北长350米，东、西宽50米，南高北低。"据说这大寨建于金代，修于两山之间的高地上，地势险要，寨内面积约4000平方米，寨墙高5米，宽1.5米，顶部建女儿墙，墙上可以两马并行。过去这里用来圈养马匹，士兵可以骑马巡逻。大寨的地下还建有地道和暗堡，可谓易守难攻。

没有熟悉这段历史的向导，我不过是走马观花的看客，况且哪有仔细查勘一番的时间，我只看见这一挂着牌子的低矮围墙继续沿着村郭伸向远方，墙体一侧是很深的沟谷，杂树野草丛生，难辨模样。

那么大寨真的如传说中一样，关押过徽宗和他的儿子钦宗吗？让我们来做一番探究。

根据史书记载，靖康二年，金人将战俘和宗室一千人等共分作七批押往金国，徽宗和钦宗分别为第四批和第七批。七批人押解路线大致分为两路：一路经河北，一路过山西。不过，他们的第一个目的地都是燕京（今北京）。

徽宗于三月二十九日黎明上路，走的是太行山东麓大道河北一线。大致沿着太行山西南——东北的走向行进，沿途经过今天的延津、滑县、安阳、邯郸、邢台、正定和定州等地，五月十八日抵燕山（燕京）。由此看来，这一路华北大平原，金兵押徽宗会绕路跑到门头沟的山沟里吗？当然不会。即使在燕京时，徽宗应该也没有被关押到门头沟大寨的可能性。

而走河东路山西一线的钦宗押解路线是由青城寨（开封城南）金军大营起程，经郑州过巩县（渡黄河）入代州度太和岭（雁门关），再过云中、燕山、归化州、怀来，过居庸关、昌平后到达燕京，于同年七月十日与老爹汇合，比徽宗迟了五十二天。徽宗绝无可能到过大寨，钦宗却不能排除路过的可能性。

这是因为位于门头沟区的京西古道有一路可从爨底下村北侧上山，过天津关，出罢山口进河北怀来盆地，而从怀来一直西行或由蔚县往西偏北可直达大同（云中），这样钦宗从云中徙燕京就有了途经京西古道的选项。而位于京西古道的大寨也就有了途中被短暂关押的可能性。但这些只是我们的分析，并无任何文献记载及考古物证。

据说大寨内有数间旧房，皆山石垒成，今多已成颓垣断壁。难道它就是囚室的所在？这些我未亲见，还是用更多笔墨来讲讲徽钦这对父子的苦难岁月吧。先说这一路的跋涉，徽钦可谓受尽折磨，和普通囚犯无异。燕京行程，风雨饥寒，随从人等流失、逃逸者无数，曹妃被奸，步步血泪。"逮至燕、云，男十存四，妇十存七。""四批、七批宗室三千余人，仅存千数百人。"燕京以下行程，"徽钦同徙"。经中京迁往更远的上京（今黑龙江阿城），这段行程一路向北，愈发苦寒。

然而更大的羞辱还在后面。

南宋建炎二年（1128）八月，赵佶、赵桓抵达上京，八月二十四日，"二帝"等人被数千名金军押至金国宗庙，行一种叫"牵羊礼"的投降仪式。言外之意，俘虏者就像羔羊，要任人宰割。

"牵羊礼"上，"二帝"和皇后被剥掉外袍，仅着内衣。其余的人，不管是驸马、嫔妃、王妃、帝姬还是宗室妇女，按金兵的要求均赤裸上身，身披羊裘，腰系毡条，可谓奇耻大辱。次日，金太宗完颜晟戏封赵佶为昏德公，赵桓为重昏侯。此外，韦贤妃以下三百余人入洗衣院，男子则被编入兵籍。赵桓的皇后朱氏不堪受辱，投水而死。

"牵羊礼"两个月后，赵佶父子又一次上路。金人又将他们迁押于韩州（今辽宁省昌图县），在韩州一年又七个月后，赵佶、赵桓再被迁至更为荒凉偏僻的边陲小镇——五国头城（今黑龙江依兰县），他们将在这里终其一生。

被掳北上期间，哀伤的赵佶写下了《燕山亭·北行见杏花》的悲凉词句：

裁翦冰绡，轻叠数重，淡著胭脂匀注。新样靓妆，艳溢香融，羞杀蕊珠宫女。易得凋零，更多少、无情风雨。愁苦。闲院落凄凉，几番春暮。

凭寄离恨重重，者双燕，何曾会人言语。天遥地远，万水千山，知他故宫何处。怎不思量，除梦里、有时曾去。无据。和梦也新来不做。

在荒凉的五国头城，爷俩借酒浇愁，相拥而泣，"彻夜西风撼破扉，萧条孤馆一灯微。家山回首三千里，目断天南无雁飞"。是啊！家山不在，故国难回，那微弱的暖灯对他们或许是唯一的抚慰吧。

苦难的生活如一眼望不到头的莽原，煎熬和屈辱似烧不尽的荒草。昔日高高在上的皇帝不仅失去了尊严，而且还要时时刻刻担惊受怕，命如敝舟，随时可沉。

在五国头城，还发生了一桩令赵佶震惊而难过的事，他的儿子沂王赵㮑与驸马刘文彦竟然诬告他谋反，企图以此获得金人的宽大优待。原本是骨肉至亲，君臣父子，可到了如此境地，人格也会沦丧，如同溺水的人想抓住最后一根救命稻草，再也不会顾及亲情和人伦。

其实在五国头城，徽宗钦宗二帝实际上是过着软禁的生活。后来金国还予他们以俸禄，使其生活条件得到了极大改善。不过这并非金人的良心发现，而是想把他俩当作"肉票"养着，以此作为要挟南宋政权的工具和筹码。

"五国城头落日低，故宫南望思凄迷。"南宋绍兴五年（1135）一个杏花凋零的暮春，赵佶最终没有拿到重回故园的"车票"，他在绝望中死去，享年54岁。

四十年来家国，三千里地山河。凤阁龙楼连霄汉，玉树琼枝作烟萝，几曾识干戈？

一旦归为臣虏，沈腰潘鬓消磨。最是仓皇辞庙日，教坊犹奏别离歌，垂泪对宫娥。

李煜是他的知己。

比赵佶更悲惨的是他的儿子赵桓。父亲死后，赵桓思乡之情日盛，又孤独地苟活了21年。1141年，宋金再度议和，面对即将南归的韦贤妃，他扶着车轮失声痛哭，请求对方给赵构捎话，将他接回南方。他不当皇帝，当一道士足矣。然而，同父异母的弟弟赵构是不可能让他回去的。

南方不再有他的位置。他们父子终没有300多年后的明英宗那般幸运。

南宋绍兴二十六年（1156）六月，赵桓死于乱马铁蹄。

落日黄尘，狼烟不散。100年后，蒙古铁骑崛起，宋廷联蒙灭金。端平元年（1234）正月，金哀宗自缢，金国灭亡。宋将孟琪、蒙将塔察儿将哀宗尸体一分为二。同年四月，宋朝将金哀宗尸体在临安太庙祭祖，并令被俘的金国宰相张天纲等人行献俘礼。

天道又一次轮回？

娼妓桥

11

连接起红尘净土，凡心佛心，跨过这座桥，便走上了慈悲的路。

—— 无法抗拒的命运

桥，通达南北，从此岸到彼岸，从已知到未知。其作用不仅是人口的流动，还承载着思想和情感的交流。

原始社会自然界倒下的树木或落石横卧于河边，构成了最早的桥，智慧的人们便把这种架构不断复制改进，便有了今天千姿百态的桥。

人类有意识地伐木为桥或堆石、架石为桥始于何时已难考证。据史料记载，中国早在西周已建有浮桥，古巴比伦王国、古罗马也建有木桥。

世界上第一座全球现存最古老的桥是希腊的 Arkadiko 桥，这座桥修建于公元前的 1250 年，直到现在当地居民还在使用它。

当然在桥梁建造史上中国自有它的卓越之处，今天位于河北省赵县洨河之上的赵州桥距今已有 1400 多年的历史，是世界上现存最早、保存最完整的古代敞肩石拱桥。

桥，成就故事，讲述故事，世间的桥是充满诗意的弧。鲁班、张果老赵州桥斗法；白娘子、许仙断桥相会；陆游因怀念表妹唐琬在春波桥上倾怀"伤心桥下春波绿，曾是惊鸿照影来"；刘禹锡在朱雀桥上咏叹"朱雀桥边野草花，乌衣巷口夕阳斜"；"天下三分明月夜，二分无赖是扬州"，唐代扬州瘦西湖畔二十四桥的魅力令歌女们折服，月明之夜，波涵月影，她们吹箫弄笛，让客居此地的杜牧文思泉涌，"二十四桥明月夜，玉人何处教吹箫？"世人爱屋及乌，桥似乎也有了魂魄。

桥，承载故事，而有些桥，"出生"时就有了故事。清道光年间，华治泾河上建了座桥，名"麻将桥"。为什么叫这个名字呢？这是因为此前这里没有桥，行人十分不便，但当地又苦于无钱可修，一位周姓老人冥思苦想，终于想出了好办法——"抓赌建桥"。当时这一地区赌博之风日盛，为狠刹这股歪风，老人邀集乡党，围住赌场，没收财注，焚毁赌具，用没收所得建造了此桥，可

谓一举两得。

上海奉贤区有座"继芳桥",人们却习惯地称它为"糖桥"。其缘由何在呢?原来,很久以前这儿是个破竹桥,摇摇晃晃,令往来行人心神不宁,唯恐坠落桥下。一天有一位邹姓换糖人从此路过,他虽然战战兢兢地终于过了桥,却吓出了一身冷汗。他站在桥头发誓,如果有一天赚了钱,一定在这里建一座有模有样的桥。后来发了横财的他果然守诺践诺,建起石桥,人们常唤作"糖桥"以示感激。当然有故事的桥还有归阳状元桥、亳州马塌桥、北京忙牛桥等,不胜枚举。

秋阳正好,我眼前的这座桥却是一座残破的桥,它僵卧在乱石瓦砾间,努力支撑起虚弱的身板,顽强地迎我。

与前面所说的这些桥相比,它的确是一座普通平凡甚至卑微的桥,从初建那天起就遭世人评头论足,冷眼观瞧。因为民间传说这座桥是由一批妓女捐资修建而成的。在今天看来,它确实是一座有着特殊故事的桥。

话说京西门头沟龙头山下有个古村叫岢罗坨,名字好生奇怪。我想村名之缘起大概是因为这个村毗邻潭柘寺、戒台寺,村内还有西峰寺,"岢罗坨"三个字许是源出某段经文吧。

当然除了我这种着点边际的猜测,关于村名的来历还有好几种说法。其中一种我觉得较为可信。那就是传说中戒台寺的和尚不仅大慈大悲,医术还相当高明,竟然妙手回春治好了朱元璋妻子——马皇后的病。这功绩不但使戒台寺宗教地位大大提升,寺下的小山村李家峪也沾了皇恩,被改名为"岢罗坨"。这是因为当时全国共有五大佛教圣地:北京的潭柘寺、戒台寺,山西的岢山、河南的萝山、浙江的普陀山。岢山、萝山、普陀山,各取一个字连起来读,逐步演化成"岢罗坨",皇帝的意思大约是要把这片区域打造成为全国的佛教中心吧。同时这岢罗坨村还扼守去往戒台寺、潭柘寺的古香道——庞潭古道,而娼妓桥就坐落在这咽喉要道上。

娼妓桥建于明代初年，石桥长 20.72 米，宽 4 米多，是一座由青石砌筑的三孔石拱桥，其南北走向，设计精巧。石栏券石，雕刻华美。后来在"民国"六年的一场山洪中被冲毁半座，三孔仅剩北侧两孔。

如果说这座古桥是由妓女捐资兴建，那么妓女们为什么要选择在这里建桥呢？这和岢罗坨是去往戒台寺的交通要枢有关，也和明朝时期寺里每年四月初八至十五举办的"耍戒台秋坡"庙会有关。

何为"耍戒台秋坡"？顺天府宛平县知县沈榜所撰《宛署杂记》给出了答案，也记载了这一庙会盛况："天下游僧毕会，商贾辐辏，其旁有地名秋坡，倾国妓女竞往逐焉，俗云'赶秋坡'。""宛俗……十二日耍戒坛，冠盖相望，结丽夺目，以至终行之处，一遇山瓯水曲，必有茶棚酒肆，杂以妓乐，绿树红裙，人声笙歌，如装如应，从远望之，盖宛然图画云。"

文中的"秋坡"指的就是紧邻戒台寺的秋坡村，而妓女也是泛指，因为在明清时期这是对说书的、唱戏的、卖艺的一类职业女性的统称。

妓女"赶秋坡"其实就是艺妓们"赶座子"，奔走茶馆酒肆献艺卖唱。这样捐资建桥就引出了两种说法，一说是因为世人认为妓女不干净，所以寺院里的僧人们不准其从正门进入寺庙，她们只能选择由后门入寺进香，也就是从马鞍山与石龙山之间的岢罗坨村徒步上山，经秋坡村进入戒台寺。那时门头沟区的地下水充足，山沟里的水很大，为了方便上山，妓女们就集资在山沟里建起了这座石桥。

另一种说法是古代马帮做生意都要经过这里的庞潭古道，但是每逢雨季山洪暴发，道路被毁，南来北往的商旅便被堵在山里无法动身。这个消息传到京城里，娼妓们就组织发起募捐活动，集资修建了这座石桥。据说怒沉百宝箱的杜十娘也捐了款。她们希望通过这种做法，祈愿自己今生能早日脱离苦海，来

世远离娼门，并以此桥作为自己的替身，让千人踩、万人踏，以赎自己的罪过。我更倾向于这后一种说法。

站在桥头，我始终处于失语的状态。前些年因河改道，桥下的部分已被填实，而桥尚可一观。但现在随着岢罗坨村的拆迁，娼妓桥已是栏倒桥陷，满目疮痍，它湮没在如山的建筑垃圾间，石碑、文保牌也不知去向。风起，杂树荒草摇曳，可是它顽强的微笑？在这个距地平面以下一二十米的地方，是彻底拆毁还是有所保留？它只能等待，等待着那决定命运的终极"宣判"。

"溪桥听闲语，老树望秋坡。"遥想当年的古桥，每逢吉日香客纷至沓来，熙熙攘攘摩肩接踵，马踏桥板，清脆悦耳之声若佛国木鱼嗒嗒；风穿箩筐，檀香的味道便熏染了整座桥。

娼妓桥的四季，有着不同的韵致。春日，呢喃的羽燕掠过桥头，微雨打湿了石板，一桥的湿意渐渐铺陈；盛夏，桥下盈盈的河水把村夫的身影拽得老长，熏风里蝉儿的歌咏更加欢畅；爽秋，桥面光滑如镜，耀映天光云影，憋了一个夏天的秋叶开始忘情地拥吻桥栏桥身；严冬，雪是桥的云裳，一袭白裳，浑然天成，飞鸟寒枝拣尽，却不忍在这里踩下纤纤鸿爪。

娼妓桥，一座充满善意、真情和大爱的桥。它接纳了无数的信徒香客、僧侣门人、马帮商队，连接起红尘与净土，许愿与还愿，凡心与佛心，跨过这座桥，便走上了慈悲的路。

倚在娼妓桥仅存的栏板上，我的眼前总会飘过那些名留千古的风尘佳人。尽管她们坠入娼门却柔肠侠骨、风华绝代。李师师捐献家产助宋军抗金、梁红玉红装披挂挥动金山战鼓、李香君凛然正气不媚权贵、晚清名妓赛金花爱国为民。她们哪一个不是让后人肃然起敬？

风尘岁月，横卧野村，石壑深邃，青苔满阶。若物，此桥如梅，零落成泥碾作尘，其香如故；若人，桥如东坡，一蓑烟雨任平生，其色不改。

　　让我们都以尊重的态度来呵护这些文物吧，莫让它们再遭摧残，徒留历史的遗憾和叹惋。

万里长城只拥一河

12

永定河是唯一一条与长城密切联系的河流，它的发源地、中游、下游，始终与长城相伴。

大山拥着村寨，矮墙围着瓜田，父亲敞臂娇儿，爱人埋头郎肩，拥抱总是让人踏实安然。有一条河流也是这样被专情地环抱着，它因了这样的拥抱而自信满满，因为这拥者是千年的"网红"，太让人艳羡。

"桑干行——永定行"，历时四年，跋涉千里。我们追随着河流的脚步，却屡屡与长城不期而遇，这是注定？是巧合？还是必然？翻开内外长城示意图，我们才惊喜地悟出缘由，原来整个永定河流域大部，上至其源头所在地山西宁武，下至京都郊县，都被长城从东西南北四个方向延伸连接，恰好构成一个闭合的环形，这也成为我国唯一一条被万里长城如此倾情拥抱的河流。

300万年前，一条由古湖下泄形成的水脉摆动在我们的星球上，惊涛拍岸，浩而不息，这就是永定河；公元前700多年，一项如长龙飞天的军事防御工程开始穿越茫茫大中国，以致到最后它的全长加起来达到了五万多公里，这就是长城。

长城的修筑，是个漫长的过程。公元前九世纪，黄河流域诞生了一个新型的国家——西周，为防止异族入侵，强化军事预警功能，西周开始不断修筑一种叫作烽火台的土堆，点燃的烽火可在24小时内传递一千多公里将警报送达王城。可惜末代天子周幽王爱江山更爱美人，一出"烽火戏诸侯"过后，西周倒了，不过这套预警系统却被保留下来，成为长城最早的雏形。

西周灭亡后，便进入了豪杰并起、群雄争霸的春秋战国时期，中原地区大小国家林立，彪悍的游牧民族乘虚而入，不管你这一亩三分地是贫是富，生存的压力让他们不择地域，掠抢成为常态。如何阻挡这些快马骁骑？唯有筑墙。于是，中国北部各诸侯国开始用墙把烽火台加以连接整固，这就形成了早期的长城。

公元前221年，秦始皇统一中国，他深知整治边患、抵御异族长城为要，

于是采取修缮连接和增筑新城的方式，役百万军队、民夫历时七年，终修筑起一条西起山西临洮东至辽东的万里长城。

汉朝时，汉武帝出于固边需要也在修长城，不过这长城除了实体的墙，还包括一条由众多烽燧组成的烽燧亭障。这条烽燧线与历朝历代修筑的长城相连，总长度达1万多千米，从罗布泊一直延伸到鸭绿江。

到了明王朝，特别是惊心动魄、血流成河的土木堡之变，彻底打垮了明帝国的自信和底气。没有实力和硬核只能被动防御，于是长城的修筑又被提上重要的议事日程，这也成为长城建设史上最为辉煌和鼎盛的时期。

西起嘉峪关，东到鸭绿江畔，明长城全长达8851.8千米。永定河流域大部也正是在这个时期被这一军事工程铜墙铁壁般地佑护起来。巍巍长城以其坚实的臂膀，傲视大漠飞驰而来的铁骑，阻敌酋于关外，变狼烟为晨炊。使生民安居乐业，五谷得丰。

明长城与历朝不同的是，它是由内外两道防线构成的。外长城也称"外边"，它自西向东，由山西忻州市偏关县老牛湾，沿山西、内蒙古交界，向东北转过朔州市平鲁区、朔城区、呼和浩特市清水河县，延伸至山西右玉、左云、大同、阳高，直到天镇马市口，而后进入河北的怀安县、万全县（现万全区，下同）、桥西区、崇礼区、赤城县，经北京延庆区居庸关西北，在延庆区四海冶与内长城交汇，全长约380千米。

内长城实际上是扼守战略要点的第二道防线，也称"内边"。它自西向东，西起忻州市偏关县，沿朔州、忻州交界，向东南转过平鲁、神池、朔城区、宁武、原平、山阴、代县、应县、繁峙、浑源、灵丘，再经河北保定诸县入北京市门头沟区、又回到张家口市怀来县，再入北京延庆区八达岭、居庸关西南，在四海冶内外两城交汇，全长约1600千米。

再来说永定河，这条河的上源，即桑干河的主源共有两条，一条为恢河，它发源于山西省宁武县的管涔山麓；一条为源子河，发源于山西省左云县的截口山。源子河经右玉县与恢河汇合于朔州马邑形成桑干河，之后一路东去，过怀仁、山阴、应县，沿途再汇发源于内蒙古丰镇流经大同市的御河之水、发源于山西广灵流经河北蔚县的壶流河等水脉，经河北阳原、宣化桑干河大峡谷入涿鹿，于怀来县并洋河水后称永定河，这条河在进入百里山峡段之前又汇延庆区妫水河，之后流向北京……

"杳杳洋河水，悠悠沧海流"，再来说永定河另外一条支流——洋河。洋河的上源有东、西、南三条支流，以源出内蒙古兴和县的东洋河最长。三条支流于张家口市怀安、万全县交界地区汇合后，其下始称洋河，这条河向东流经怀安、万全县，折东南经宣化、下花园区，至涿鹿、怀来县交界处与桑干河交汇。我们从这些主源、支流的流经地，结合内外长城的走势、走向不难看出，两者相互重叠的地域颇多，占比达到了三分之二。长城几乎都是沿着河流的外围在修筑，无形中对整个永定河流域起到了很好的环卫、翼蔽作用。

同时，明朝的内外长城有六大重要的关口，分为"内三关"和"外三关"。"内三关"即居庸关、紫荆关、倒马关；"外三关"即雁门关、偏头关和宁武关。这六大关隘中的居庸关、雁门关、偏头关和宁武关均地处永定河流域。偏头关东衔管涔山、西濒偏关河。而位于桑干之源宁武县城的宁武关就更不必说了。正如中国长城文化学者董耀会所言，"永定河是唯一一条与长城密切联系的河流，它的发源地、中游、下游，始终与长城相伴……在这样一个区域当中，长城起着非常重要的作用"。

明长城沿着永定河流域修筑，是巧合，也是必然。因为辽阔的永定河流域地处北纬41度线上，同时也在"400毫米等降水量线"上，历史上这一区域既适合农耕，亦适合放牧，是北方游牧民族南下、中原农耕民族北上的主通道。因此这一流域自然成为几千年持续不断的农耕民族与游牧民族激烈争夺和交战

之地。戎狄、匈奴、乌桓、鲜卑、柔然、突厥、回鹘、沙坨、契丹接踵而来，中原王朝强力阻击。至明朝"土木之变"前，亦有白登之围、辽宋对峙、金沙滩之战，因此在这一地域广修长城以整固安民，自然成为明朝统治者的重要战略决策。

边关烽火狼烟，鞑靼、瓦剌屡犯。今天，当人们谈论起明长城时，往往觉得这一防御体系和结构最为完善的工程，其作用却发挥得有限，甚至不堪一击。试想，倘是一个如盛唐般强势的王朝又怎么会将被动防御作为经略之道？如果捅破这道屏障就能长驱直入，天下焉有不克之险？

长城之与兵道，是险阻利器，而之与人心，则是精神脊梁。若为弱国所守则形同虚设，与强国则可威仪震慑，达到不战而屈人之兵的效果。不过我想若不是有这重重关隘，大明王朝的"香火"恐怕也是缭绕不了276年吧？而首当其冲的永定河流域大概也会生灵涂炭、几无宁日。

长城为屏，长城为伴。在长城的守护下，明代初期的永定河流域物阜民丰，人们安居乐业，生活殷实，官府府库衍溢，一派繁荣景象。下游地区乃天子脚下，其昌隆兴盛自不必说。而在上游地区，尤其是晋北地区其农业经济也得到了长足发展。结合长城及边堡的修建，军屯制度的实施，周围大面积土地被开垦出来。

《明实录》载："洪武二年（1369）二月，大将军徐达令忻州运粮八千石，崞州七千石，代州七千石，坚州五千石，台州三千五百石，并刍豆，俱赴大同。""洪武二十六年（1393），丁未遣史至山西大同、蔚、朔及北平密云、永、蓟诸州郡，收籴、黍、麦、奇、粟各九千石。"可见，对于高寒地区的大同和朔州地区来说，麦产量还是不错的，否则没有能力上缴这么多粮食。同时也说明当时的桑干河流域农作物种类也是多样的。

从明朝中期开始，北方少数民族势力逐步崛起，不断南下扩张，长城沿线烽火连天，战事吃紧，永定河流域自然被殃及，这块土地上开始战乱频发，社会动荡，经济社会发展受到阻碍。

山川布列，层峦峻冈。是的，尽管有长城的坚守和呵护，但居于这一流域的王者必须在战马嘶鸣中苦其心志，在这条河流哺育下的生民，更加需要以豁达包容的胸襟去接纳蒙古、满等各族，亦如大河广纳千条涓流。

又一个春天来了，山西宁武关城的百户巷里老树又绽新花，左云摩天岭长城脚下，写生的孩子们正把春韵描画。大同魏都大道上车辆穿街过柳，桑干河大峡谷里的瓜农又在播下希望。新修的城际高铁飞驰在奔流不息的永定河上，京城的玉兰花儿又准时把笑容绽放。是啊，就是这样，在永定河畔无数个春天里，曾经守护这条河流的长城巍然不倒，河风里，依旧弥散着城砖的古香。

城河相拥，江山永昌！

谁是河神？

13

埃及人崇拜尼罗河

河神、古巴比伦

人崇拜底格里斯

河和幼发拉底河河

神……

———— 扑朔迷离的择选

一

河流，用伟大来形容并不为过，她带来了万物，滋养着生命，造就了文明，因此世界各地的人们崇拜河流，敬畏河流，希望她能够生生不息，安澜永续。这样与此相关的河神崇拜也应运而生。

古埃及人崇拜尼罗河河神，古巴比伦人崇拜底格里斯河和幼发拉底河河神。直到今天，印度总理莫迪在大壶节（又称升水沐浴节）还下到恒河祭拜河神，为国人祈福，足见尊崇有加。

中国大约在五帝时期就有了河神崇拜。古代史书中将独流入海的长江、黄河、淮河以及济水（古代黄河入海的一条河道，今已埋）合称为"四渎"。因此河神信仰中最为广泛的是"四渎神"。从西周开始，"四渎"便拥有非常高的地位，而且作为河川神灵代表由君王亲自祭祀。汉宣帝时，"四渎神"被正式列入朝廷的典礼当中，"四渎"与五岳的祭祀共同纳入国家祭祀的常礼。

黄河是中华民族的母亲河，在唐宋以前，黄河流域一直是中国政治、经济和文化中心，因此黄河河神在"四渎神"当中影响力最大，祭祀、立庙从商代已经开始。在汉朝还专门设立了祭河的巫师，汉武帝专门下诏曰："河海润千里，其令祠官修山川之祠，为岁事，典加礼。"北魏孝文帝还写过《祭河文》，以后各个朝代的帝王都将祭河作为祭祀典礼中的大事，除祭祀立庙外，封号也不断。唐玄宗封黄河河神为灵源公、宋仁宗封其显圣灵源王、忽必烈封其灵源宏济王，到清代顺治皇帝时，又封黄河河神为"显佑通济金龙四大王"之神。可见黄河河神封号之多，地位之重。

我一直笃信永定河流域是有河神的。几千年来，她以一种无形的力量，撒播祥瑞，扼澜救苦，护佑生活在方圆近 5 万平方千米上的两岸苍生，使他们岁

岁安平，五谷得丰。我甚至在行走千里桑干期间梦见了飞檐斗拱、雕梁画栋的河神庙。对于我们，没有河神的佑护，哪来千里行走的顺风顺水？

这次下游的行走，永定河没有辜负我的热望，在采访中我们得知，历史上这一流域不仅有河神的存在，在沿河还有着大大小小的河神庙，而在门头沟区三家店村的龙王庙里，至今还供奉着整个流域仅存的一尊永定河河神塑像。

永定河穿越百里山峡，其出山口就位于三家店村。这里西连太行，东望北京湾，地理位置特殊，文化氛围浓厚。铁锚寺、白衣观音庵居于村中，煤商殷家大院、山西会馆古韵犹存，村西供奉着永定河河神的这座龙王庙，其前身叫龙兴庵，明代建造，坐北朝南，背靠青山，可谓庙小乾坤大。

进入庙中，正面龛台之上，河神与诸位龙王并肩而坐，只见他身披黄袍，长眉细眼，面色蔼和，风度儒雅，颇具书生气质，又像朝堂文官。雷公电母等神祇站立龛台两侧，殿内古老的壁画华丽精美，栩栩如生。

据庙内清顺治二年（1645）碑文记载，在明崇祯十四年（1641），山西人侯印迁居到此，购买了一片河滩地勤耕细作，又引永定河水灌溉获利颇丰。为了感谢永定河的恩惠，他发起募捐，兴建了龙兴庵，供奉龙王和永定河河神。到了清乾隆年间，三家店村已是"沃野千畴，川涂沟浍"。为了感谢永定河河神的眷顾，侯姓的后人又多次对其进行修缮。清乾隆七年（1742），龙兴庵改称龙王庙。

此后每年农历六月十三河神诞辰日，三家店人都要对河神、龙神焚香祭拜，供奉整猪整羊。祭祀活动结束后，村民们还要在龙王庙吃寿面，给河神祝寿，迄今已经延续了200多年。

正如对其他江河湖海的敕封一样，自金代以后，皇帝对永定河也屡有敕封。不过这封号是越来越高。金代金世宗封永定河为"安平侯"；到了元世祖时代，永定河的封号又拔高到爵位，1279年封永定河为"洪济公"，几年后，又加封为"显应洪济公";明代后,皇帝不再以公侯来定神号了,直接封永定河为神。清康熙帝亲自赐河名为"永定",并赐封"永定河神",之后乾隆帝又加封永定河为"安流广惠永定河神"。这样永定河河神就成为中国历史上地位最高的河神之一。

为了使永定河神能够享受香火供奉,古代永定河畔曾经庙宇遍布。这些河神祠庙多沿河分布,有数十座之多,在北京地区最为密集。特别是进入清代以后,河神崇拜达到高峰,一些庙宇修好之后,皇帝还亲自拜谒,题写匾额、楹联。如石景山区东岸庞村的北惠济庙,雍正皇帝亲题匾额"安流泽润";卢沟桥北南惠济庙,康熙题额"安流润物"。永定河左堤上的大王庙、永定河北二工河神祠也颇有名气。

在朝廷的重视下,永定河的祭水、祀神被纳入国家祀典,每年由官方拨出专款祭祀已成规制,上至皇帝下至黎民,都希望通过这种信仰的力量,使河道通畅、经流顺轨,免于水患、消灾避难。

二

河神是大河的魂魄,它虽带有自然崇拜性质,但在中国民间传说中早已将其人格化、社会化。在这一点上黄河河神尤为突出。

黄河河神古代称河伯。据《青命传》载:"河伯姓冯氏,名夷;浴干河中而溺死,是为河伯。"

《后汉张衡传》说:"冯夷者,弘农华阴潼乡堤首里人,服八石,得水仙,为河伯。"

神话传说中,这河伯冯夷人面鱼身,出入坐着两辆龙拉的车子,旁边有水族前簇后拥。除了讲究排场、行事张扬不说,还贪淫好色。因此他逐渐被时代所抛弃。取而代之的是那些为治理河道做出重大贡献或与河流有关的历史名

人，比如汉初开国功臣陈平、誓言身堵金堤，逼退黄河洪峰的西汉东郡太守王尊、明清时代的书生谢绪等都相继被尊为河神。

当然，历史上长江、淮河、济水神祇也各赋其人。长江神按地区有奇相（四川）、湘君湘夫人（楚湘）、伍子胥（吴越）以及震蒙氏之女、三水府祁、屈原、金龙大王柳毅、杜十姨等多位；淮河神一说为唐代的裴说，民间传说则广泛传为状似猿猴的无支祁（又作支无祁）；济水神有说是伍子胥。

讲到这里，我想既然以黄河河神为代表的各路河神都有出处，那么三家店龙王庙里供奉的河神是何方人士？或者说永定河的河神究竟是谁呢？那些江河湖海诸神随着时代的演进不断变换，那永定河的河神是否也与时俱进不止一位呢？翻阅史书，对永定河神人物的原型鲜有记载，甚至难觅得只言片语。不过综合上述江河湖海的造神规律不难看出，官方民间多把历史名人特别是治河有功之人作为河神首选，那么永定河治河史上的名人能臣，自然成为我们猜想推断的主要对象。追溯历史，或许可以从他们的治河经历、业绩中觅得端倪。

历史上的永定河水势浩瀚，充足丰盈。据历史记载与考证，从东汉到金、元朝一千多年间，历朝曾多次在其出山口一带兴建大型水利工程。这一时期曾经涌现出四位治水能人，他们分别是北京地区最早的大型水利工程组织者、实施者，曹魏时期征北将军刘靖；西晋元康五年，重修车箱渠的刘靖少子、骁骑将军刘弘；北魏幽州刺史，重修过戾陵堰的史裴延以及北齐对这些水利工程进行维修、利用、扩展的幽州刺史解律羡等。

而在金、元时期至近代，又有三位治河名人可谓功勋卓著，成为我们考察的重点。他们分别是元代水利学家郭守敬、清康熙年间治水能臣于成龙和清光绪年间左宗棠的部将王德榜。论资质和实力或许这河神就是他们其中的一位，或者说他们三人都有被推崇为永定河河神的可能性。

先说郭守敬。郭守敬是河北邢台人，元代杰出的科学家，在天文、历法、水利三个方面贡献很大。历史评价郭守敬是与张衡、祖冲之等人齐名的我国古代八大科学家之一。在水利建设上，他主持改造南北大运河，开通惠河，实现了京杭大运河的全线贯通，使江南漕运船只能够直航进入北京城。

在永定河治理上，他重开金口河，引浑河（今永定河）之水入大都，兴漕运与灌溉之利，实现了北京历史上从西南方向引水入城的范例，成为永定河漕运史上唯一成功的一次。漕运的实现，使西山的建筑材料、生活用品等源源不断运进都城，对大都的兴建起到了重要的保障作用。

在实施永定河引水工程的 30 年前，郭守敬随张文谦一道，还成功修复了黄河古代遗留下的灌渠，恢复了引黄灌溉工程，得到了宁夏百姓的赞扬，他们甚至为郭守敬建起了郭氏生祠。

继郭守敬之后，在清康熙年间又出现了一位治水能臣，他叫于成龙。

于成龙乃辽东盖州人，曾任直隶巡抚、河道总督等要职。他比同朝为官，享有"天下廉吏第一"美誉的于成龙小 22 岁。也正是在老于成龙的大力举荐下，小于成龙得到了康熙皇帝的重用。他一生最大的政绩就是治理永定河的水患。

清朝以前，为遏制泛滥的洪水，保卫京城的安全。永定河自石景山至卢沟桥南，金、元、明相继建有高大的土石堤防工程。至于下游，则向无修防，任其散漫，故宛平、良乡、涿州、新城、雄县、霸州、固安、永清、东安等州县，数被其患。

清朝"定鼎燕京"后，泛滥无常且总是改道的永定河仍然是威胁紫禁城的心腹大患。清康熙三十七年（1698），皇帝任命于成龙以总督衔管直隶巡抚，投身永定河治理。他上任即向朝廷申请整修加固浑河（永定河）大堤。

在治河实践中，于成龙吸取历史经验教训，大胆探索，采取了大筑堤堰，疏浚兼施的方法对河道进行清淤。这种治导兼顾的方案，收到了标本兼治的效果，使河水得以畅流，发生溃决的风险大大降低。

这次治理后，卢沟桥以下新筑180余里南北大堤，连接旧堤石卢段，有效地遏制了永定河下游河道的无常摆动，使百姓免受河水泛滥之苦，畿下民田颇多受益，百姓交口称赞。在此后的40年内永定河水流畅达，基本没有改道。于成龙的治河理念在以后的雍正、乾隆时期也多次被提及。

在任河道总督期间，他还治理了黄河、京杭大运河。于成龙的多半生与河为伴，在他死后并没有魂归故里，而是选择葬在了京西永定河畔。于成龙的墓志铭提到了三件憾事，除了八十岁的祖母待养和祖墓未筑外，"憾河工未成"成为他最大的遗憾。可见他至死都在忧国忧民，牵挂着永定河的治理。

在了解郭守敬、于成龙之后，让我们再来认识光绪年间的王德榜。

王德榜祖籍广东东莞，生于湖南永州江华县。清末湘军将领、抗法名将，由于屡立战功成为左宗棠的心腹将领之一。

据《再续行水金鉴》《光绪顺天府志》等文献记载，王德榜曾于光绪七年闰七月至光绪八年四月间，在门头沟区的下苇甸、丁家滩、水峪嘴、车子崖和琉璃局山嘴处兴建了五处较大规模的水利工程，同时开凿了城子至卧龙岗的灌渠，史称"城龙灌渠"。

《光绪顺天府志》记有"其上游饬前福建布政使王德榜于丁家湾等处，凿渠伐石，筑坝五"；"大石筑坝，各坝随山逶迤长可一千数百丈"。

在工程实施中，王德榜采用了火药炸山取石的方式，用人工较少。"其取石法，四围凿孔，以火药轰取，举手之顷，数日运之不尽，小石以烧灰"。同时他治军有方，纪律严明，军民间相处融洽，老百姓称赞王德榜"驭军有法，兵民相安"。今天在水峪嘴和车子崖之间的岩壁上还刻有"统师徒、杀水势，燕民从此乐熙熙"十三个大字。右边两行题记为："钦命头品顶戴赏穿黄马褂奏办直隶顺天河务前福建布政使达冲阿巴图鲁楚南王德榜题。"左边落款为："光绪八年孟春毂旦立于野西河滩。"真实记叙了这段工程往事。

此外，王德榜还帮助临河的麻峪村修坝、建桥，人们称之为"善桥"。据传，当年麻峪村的龙王庙里还供奉有王德榜的牌位。

说到这里，您觉得他们三位中谁会是永定河的河神呢？

落笔之际，咨询京西资深学者，获知此项研究仍在进行中……

一檐琉璃九重天

14

有形的手营造山河形胜；无形的手左右王朝更迭。

是谁？笑成这万千个风铃的转动

是谁？
笑成这万千个风铃的转动，
从每一层琉璃的檐边，
摇上，
云天？

才思、匠心、画意，林徽因不愧是"民国"才女、建筑翘楚，一首绮丽小诗把琉璃描写得如此雅致、细腻、婉约。我想诗中所描述的定是紫禁城的琉璃吧？因她在为丈夫梁思成的《清式营造则例》所作的《绪论》中，就对皇城的琉璃称赞有加："本来轮廓已极优美的屋宇，再加以琉璃色彩的宏丽，那建筑的冠冕便几无瑕疵可指"。

当然，称赞中国琉璃的名人并非林徽因一人，甚至在700年前意大利人马可·波罗就已经发出了惊叹："屋顶也布置的金碧辉煌，琳琅满目……还有各种鸟兽以及战士的图形！"他实在不解中国人是用什么物件把那屋顶装饰得如此华美绝伦。

是啊，赫赫紫禁，红墙黄瓦，朱门金钉，矞矞皇皇。尤其是那琼楼玉宇上的琉璃瓦，在鳞次栉比的房屋之间铺展开来，一坡又一坡，一檐又一檐，鲜亮亮地映衬着蓝天白云，让那楼阁殿宇似黄袍加身，如将士执甲。令观者胸阔四海，襟怀坦坦。的确，以红、黄为主要色调的紫禁城若是缺了琉璃，那金碧辉煌倒真是要失色许多了。

琉璃古代又称"流离"，意为流光陆离。我国早在西周时期就有琉璃制品出现，不过在当时它数量稀缺，是贵重的装饰品。到北魏时期琉璃开始被运用于宫殿建筑装饰。发展到明清时期，琉璃瓦屋顶已经成为中国上乘建筑中不可

或缺的元素。紫禁城作为中国历代皇家宫殿建筑的集大成者，对琉璃的使用更是达到了登峰造极的程度。

古人认为世界由"金、木、水、火、土"五行构成，五种元素相生相克，世界因此变化不定。所以在琉璃颜色的使用上也颇有讲究。"黄色"代表"土"，土是万物之本，黄土居中央，寓意天子位居正中统驭四方。所以太和殿、中和殿、保和殿、文华殿、武英殿、养心殿等主要宫殿多用黄色琉璃瓦；绿色在五行中属东、属木，主生长，因此太子东宫覆以绿色琉璃瓦。紫禁城藏书的文渊阁，防火为要，所以其屋顶使用的是黑色琉璃瓦，因为黑色属水，取水克火之意。彩色琉璃瓦运用最多的是九龙壁，壁面由270个琉璃塑块拼接而成，全幅壁面以海水为衬景，海面上"九龙戏珠"活灵活现，成为琉璃艺术中的精华作品。

如此精美的建筑构件，自然需要上乘的水土作为原料进行烧制，那么紫禁城的琉璃又产自何处呢？

历史上，地处永定河上源桑干河畔的山西是琉璃的重要发源地，民间自古就有"晋地琉璃遍天下"之说。而在整个永定河流域除了山西之外，北京、河北等地同样煤炭资源丰富，更为重要的是有着烧制陶瓷、琉璃所必需的重要原料——坩子土！古人取桑干、永定之水和坩子之土，封烈烈炭火，窑歌一曲自然成。

桑干河流经的山西省怀仁市、应县、浑源县，在辽、金时期已经是制瓷兴盛之地，陶瓷业发达。怀仁城西的洪涛山脉由南向北分布着桑干河的三条支流——大峪河、小峪河、鹅毛河。历史上，人们依靠临河的便利，在三条河谷内开展陶瓷生产活动。20世纪70年代，故宫博物院专家在鹅毛口内张瓦沟发现了宋、辽、金、元、明、清六朝烧制陶瓷的遗址。

而怀仁窑历史上以烧黑瓷为主，瓷器釉质精细，最著名的品种是油滴。油滴属于黑釉瓷中的一种结晶釉，是指在黑色底釉上有银色、金色或红色的小圆点，就像是油浮在水面上的感觉，是瓷器中的名贵品种。

我们继续沿河寻找，在桑干河、洋河交汇之前的蔚县、涿鹿地区同样有着千年的制陶史。蔚县的郑家窑，原名正嘉尧，位于该县阳眷镇。据考证，郑家窑的制陶史已有 1500 年之久，烧制出的黑陶在民间用途广泛，比如储粮、盛水、腌菜、储酒用的瓮、坛、缸、罐，做饭用的盆，吃饭用的碗、盘、碟等。

而在古地涿鹿，一些学者认为其制陶历史可以追溯到五帝时期，地处桑干河大峡谷东端的东窑沟村乃舜"陶河滨"之地。据该县县志的记载，汉代上谷郡太守景丹为在本郡建窑制陶，亲率部下出寻，发现此地土质黏润筋骨，便命人驻扎，建窑烧陶，遂成村落。如此算来，东窑沟村的制陶历史已有两千年。

宋元时期，此地制陶作坊开始形成规模，至明清时期达到鼎盛。据传，当时东窑沟家家制陶，手工作坊达一百多家，所制陶器从缸、坛、盆、罐等大物件，到秤砣、筷笼、捻线砣、打火罐、鼻烟壶等小物件，日用器具几乎无所不包，日夜不停运送产品的骡马达数千匹。各行业也因制陶而繁盛一时。千百年来，这些黑陶粗陶、坛坛罐罐已经广泛融入人们的饮食生活。

走进今天的东窑沟，掩映在枣林深处的农家院舍仍然体现出浓厚的陶元素，人们将废弃的缸瓦插花式地置于围墙间，有的干脆把缸瓦做成隔墙。墙内菜畦幽绿，青藤舒卷，柿红瓜长；墙外街巷蜿蜒，陈窑清幽，远岫浮岚。窑神庙里飘出檀香的芬芳，村旁现代化的陶瓷车间里传出机械的声响。

"天生一，一生水，水生万物"，只要水脉不断，这些因水而生的资源禀赋就不会消失，传统工艺亦不会丧失传承。在桑干河下游的永定河畔，它开始了真正的风生水起，把辉煌铸在庙堂。

紫禁城的琉璃制品正是产自永定河畔一个并不显眼的村落——琉璃渠。

地处九龙山下的琉璃渠村，是个历经辽、金、元、明、清五朝的千年古

村。早在公元 1263 年，忽必烈决定兴建大都时，朝廷便在京郊九龙山下设"琉璃局"，兴建琉璃窑。并派有六品监造官监督烧制；清乾隆年间北京琉璃厂迁至此地，使琉璃渠进入了最鼎盛的时期，皇家建筑所用琉璃，几乎全部出自琉璃渠窑厂。

那么历朝皇家琉璃烧造为何会不约而同地选择在琉璃渠村呢？这是因为除了交通便捷之外，还有一个十分重要的原因，就是这里地处永定河畔，有取水便利，同时这里拥有生产出精美琉璃产品的重要资源，高品质的黑坩子土。

就这样，在 700 年的时光里，熊熊不熄的窑火燃烧在永定河畔。在能工巧匠的手里，这些坩子土经"粉碎、筛选、淘洗、配料、炼泥"，通过制坯、修整成型，再精雕、晾干，最终烘烤入窑。这些由爷孙、父子或兄弟组成的烧造团队，承袭世代相传的烧造工艺，在长达 40 多天的生产过程中，按照"抠、铲、捏、画、烧、装、挂、配、看、返"等生产规程和标准，经过选料、设计、成型、素烧、施釉、釉烧等 36 道工序，终生产出璀璨耀眼的琉璃成品。

走进今天的琉璃渠村，我们眼前所呈现的仍是一派流光竞彩的琉璃世界。全长 100 多米，由七个部分组成的琉璃文化墙底蕴深厚，艺术地展现了以青龙、白虎、朱雀、玄武为代表的秦汉文化、宋元以后的龙文化及以博古、松梅动物为代表的近现代文化；健身广场的琉璃九龙壁上，九条神龙鳞爪飞扬，姿态傲然；那建于清代的过街楼，亦称三官阁，一直是琉璃渠村的标志性建筑，是北京唯一一座黄琉璃顶清代过街天桥，也是京西过街楼中最气派的一座。在当年，新焙的琉璃或许就是通过这里载上马车，一路奔向皇城，镶上盛大的紫禁城巅。

"重重宫墙述说兴衰沉浮，款款琉璃对话今古传奇。"日出日落间，昨天的紫禁城，今天的故宫，依旧不知疲倦地迎接着来自天南海北的客旅。置身在川流不息的人丛，瞩望这座曾经的王城，眼光掠过那些金碧辉煌的琉璃，我恍然悟出，那些曾经的皇室贵胄、宫娥才女不过是这琉璃之上倏忽而去的光影。而所有因建筑品质而生的皇家威仪、盛世气象不过是百姓用勤劳的双手拿捏、淬炼、营造的结果，诚如这象征皇权的琉璃。

人民，创造历史，改变历史。他们正是这样，在五千年的历史画卷中，笔走龙蛇，用有形的手营造山河形胜，用无形的手左右王朝更迭。

一檐琉璃，当是一寸民心吧。

镇水神牛 15

牛的坤象特征被赋予一种新的使命——镇水。

牛象坤，坤为土，土胜水

故乡少牛，村人耕田、骑乘、拉运，多以驴、骡为主，孩提时若是能看见黄牛拉车，倒是要稀罕地注视一番的。这种现象想来是因为地域特点、生产方式或生活习惯迥然吧。不过这种地域的局限并没有影响牛在农业生产上的广泛使用。

牛分多种，黄牛、水牛、野牛、牦牛；类型上又有肉用、乳用、农用之别。特别是用于农业生产的牛有蛮力，有耐力，加上温驯的性格，深得先民青睐。其耕耘田畴终了一生，只求奉献，不求索取的精神也为历代文人雅士所称颂。唐朝诗人白居易怜悯那头和卖炭翁一样苦苦挣扎在生存边缘的老牛："牛困人饥日已高，市南门外泥中歇。翩翩两骑来是谁？黄衣使者白衫儿。手把文书口称敕，回车叱牛牵向北……半匹红绡一丈绫，系向牛头充炭直"。北宋著名现实主义诗人梅尧臣咏叹耕牛的辛苦："破领耕不休，何暇顾羸犊。夜归喘明月，朝出穿深谷"。抗金名臣李纲同情一头病牛，感叹道："耕犁千亩实千箱，力尽筋疲谁复伤？但得众生皆得饱，不辞羸病卧残阳。"

"吃的是草，挤出的是奶"，鲁迅眼里有一头孺子牛；"老牛亦解韶光贵，不待扬鞭自奋蹄"，臧克家心里藏着一头奋进的牛。如此种种，可见牛之风骨已经深入人心。

的确，牛在人类先民告别刀耕火种进入文明社会的过程中，就已立下了汗马功劳，当然它的付出同样受到中华先民的尊重、认可和膜拜，人们尊称它为"仁畜"。壮族以农历四月初五为牛的生日，称"牛皇诞"；贵州的罗甸、安龙等地的布依族，在农历四月初八为牛贺岁；仡佬族还设有"牛王节"。

牛在我国古代文化典籍中，有着极高的象征性意义，《周易》中称"坤为牛"，即牛是负载生养万物的大地即坤卦的象征物，"坤象地，任重而顺，故为牛也"，因之牛也被誉为"神牛"。在古典神话中，太上老君的坐骑是"板角青

牛";通天教主的坐骑是奎牛;而东岳泰山天齐仁圣大帝黄飞虎的坐骑则是一头力大无尽,不惧凶兽,可以托云走路的五色神牛。

"牛象坤,坤为土,土胜水",因此牛的坤象特征还被赋予一种神圣的使命,那就是镇水。

镇水患、除水怪、遏狂澜,这样牛又成为具有惊天伟力的神兽。

我国古代镇水神物分门别类,比如神兽类还有狮子,如沧州巨型铁狮镇海吼、后海镇水兽趴蝮、昆明盘安江铜犴;兵器类如兖州镇水剑、洞庭湖镇水铁柫;塔楼类如四川广安白塔、重庆云阳县镇水龙亭等。

不过在古代的一些大江大河与水利设施建设中,镇水神物以牛类最为多见,这些牛以铁质为主,亦有石质、铜质。

民间相传,大禹治水时,每治好一处,即铸一铁牛沉入水底,意在镇服水患。

战国时著名的水利工程专家、蜀郡太守李冰治理水患时,曾让人凿了五头石犀牛,以厌水精,治理蜀地异常频繁的水患和水灾。后来两头运到了成都,另外三头则放置在灌县的江中。这五头犀牛除了镇水外还有一个作用,那就是作为"水则",即古代衡量水位的水尺。以水淹至牛身某部位,来衡量水位的高低和水量大小。2013 年初,四川成都天府广场施工时,一身长 3 米多、8 吨重的千年石兽被挖出,有专家推断这应该就是当年李冰所造的石犀之一。

20 世纪 90 年代初,山西永济黄河东岸蒲津渡遗址上相继发掘出土了四尊黄河大铁牛,这铁牛为唐开元十二年(724)锻造,每尊铁牛重约 55~75 吨,雄健壮硕,头昂角翘,栩栩如生。更令人钦佩的是,在唐代没有大型高炉的情况下,它们全部是现场一次性浇铸完成的。黄河大铁牛也成为中国迄今发现的体积最大、分量最重的珍贵文物。

神州大地江河湖海广布,水文化信仰传承千年,黄河大铁牛等地下文物被发掘，一些地上文物也得到保护、修复或复原，如河南漯河镇河铁牛、徐州镇河铁牛、河南洛阳瀍桥铁牛、陕西大荔县铜津关铁牛、江西九江锁江楼铁牛、安徽怀宁铁牛、浙江海宁铁牛、湖南岳阳楼铁牛、湖北沙市江神庙铁牛、江陵镇安寺铁牛等。它们各具憨态，静卧于桥边河畔，成为水文化之魂。

历史上的永定河流域河水暴戾、灾害频仍，洪流肆虐，除了河神崇拜之外，对镇河神牛的放置也非常重视。在桑干河主源之一的恢河川口——山西省宁武县阳方口镇，原建有九孔石桥一座，与两侧长城衔接，每个桥孔内都有一尊铁牛镇守。因此阳方口在古代又称"九牛口"。不知什么年代铁牛被水冲走，不知所踪，桥也坍塌了。遥想当年，九牛镇河，浩浩汤汤，何等威仪。

颐和园昆明湖，是在永定河故道上形成的湖泊，今天你若游园，在其东堤上会看到一尊铜牛安然静卧，这铜牛为清乾隆皇帝1755年命人铸造，希望它能"永镇悠水"，长久地降服洪水。据说这铜牛原来全身镀金，在铸成100多年后，遭掠夺成性的英法侵略军刮剥，牛也险些被炼化，幸得众人同心相保，星夜将铜牛沉入了昆明湖底才化险为夷。

如今，历经沧桑的铜牛依然双角翘立，目光炯炯，牛背上"夏禹治河，铁牛传颂，义重安澜，后人景从……"的《金牛铭》字迹清晰，如历史烙印般深刻。据说，铸造镀金铜牛，放置在昆明湖岸边，还能起到考查昆明湖水位的作用。因为昆明湖的东堤，比故宫的地基高出约10米。每逢涝年，这里便成水患之地。为防止东堤决口，殃及紫禁城，便在此设置铜牛，以观水位。

旧时，永定河水流经石景山一带时，河道左右大幅摇摆，形成好几个弯，水势也变得汹涌异常。湍急的水流冲向庞村，严重威胁北京城的安全。于是在庞村也曾置有一尊铁牛。这铁牛与真牛相仿，身长约2米，高约80厘米，由百余块生铁铸就。与众牛不同的是，这铁牛在洪水来临时，会发出雷鸣般的吼声！除了镇水，还起到了实实在在的预警作用。据分析这铁牛会叫的原因，是

因为牛身空腹，水流大的时候扰动了空气，强大的气流冲击引起了铁牛的共振，导致发声。真是佩服古人的聪明才智啊！

可惜这铁牛在 1958 年全民大炼钢铁时被化成了一炉铁水。今天人们只能从残留的几幅珍贵老照片中来一睹它的真容。

照片上的铁牛蹲在高高的砖台上，头部弯向西北，面向永定河上游。与颐和园体态健硕的铜牛相比，它显得骨瘦嶙峋。其做工称不上精细，姿势也谈不上优美，用朴实无华来形容倒是恰如其分，这确实像一头来自民间的、历经岁月磨砺的神牛。

角锋凛凛，矗立守捍，状若泰山。使骇浪不作，怪族胥驯。在几千年的骇浪惊涛中，这些镇水神牛凭一己之躯任尔浪高雨急。它们承载着人们对风调雨顺的期盼，成为生民的希望和精神托寄，它们察观着时空和自然的流变，也见证了人类不屈不挠、前赴后继的治水精神。

如今，人们科学治河固堤的能力不断提升，纵是面对汛期卷天席地的洪水，也能从容应对，除险排险，越发游刃有余了。

而镇水神牛作为中华先民在治水实践中的重要产物，已成为研究中华传统治水文化的重要物质载体。

猎苑 | 16

黄幄临池白鸟飞，

金盘初进鲙鱼肥。

太平时节多欢赏，

丝络雕鞍半醉归。

历史的一面镜子

　　古地北京，水脉盈盈，在其南边曾经有一片水草丰美的膏腴之地，它方圆几百里，面积两三倍于京城，后来人们把这里称作"南苑"，又称"南海子"。

　　这一区域的形成，大约是因为它处于古永定河洪积冲积扇内，永定河主流南移后，残留余脉在其地表洼地上，逐渐汇聚形成了大大小小的沼泽、湖泊，继而"飞者、走者、蹄者、角者，或群或友，纷纷霍绎"。从而使这里草木盛茂、鸟兽聚集，鱼肥水美，景色宜人。

　　京郊有此妙境，自然吸引了历代统治者的目光。况且自辽金以来，这些王者多是少数民族出身，彪悍尚武、弯弓射雕自是强项，因此这片区域自然成为帝王们理想的狩猎、演武之地。

　　第一个青睐此地的是辽太宗。辽会同元年（938），辽太宗耶律德光满心欢喜地得到幽云十六州后，立马升幽州（北京地区）为幽都府，建号南京，幽州的南郊也就是南苑和东南方的延芳淀（今通州区南部漷县镇一带）首次进入这位契丹皇帝的视线，成为他的"四时捺钵"之地。"捺钵"在契丹语中，专指皇帝的渔猎活动，如打鱼，捕捉天鹅、大雁等。

　　到了金代，深受汉文化熏陶的海陵王完颜亮决定迁都到中都大兴府（今北京）。在这里又置广乐园（又称熙春园、南园或南苑）、建春宫等。在广乐园内，完颜亮建起了熙春殿、常武殿、临武殿等高大的殿宇，狩猎之余，他还在这里骑马、击球、射柳（一种练习射箭的游戏）。到了金章宗完颜璟时，每年春天他都会兴致勃勃地来这里狩猎，称为"春水"。

　　元代，忽必烈携虎狼之师兵进大都（北京）后，曾经马踏夕阳，牵黄擎苍的他更希望有一块理想之地供其快意驰骋，纵放鹰隼，于是他在郊区一口气开辟了四处供皇族游猎的"飞放泊"，分别为下马飞放泊、柳林飞放泊、北城店飞放泊和黄垡店飞放泊。据元史记载："春冬之交，天子亲幸近郊，纵鹰隼搏击，以为游豫之度，谓之"飞放"。"泊"，则指这一带地势低洼，在积水时汪洋若海的景貌。在这四个"飞放泊"中，地处南苑一带的"下马飞放泊"规模最大。

明清时期，"下马飞放泊"迎来了盛大的春天。明永乐年间，这里得到了扩建提升，圈起围墙，辟东南西北四门，谓之"南海子"。其内建衙署，设总提督一人、提督四人，负责日常管理。苑内设二十四园，管辖从事耕种养殖的海户 400 人。南海子的范围，囊括了今大红门往南至南大红门，马驹桥往西至西红门地区，东西长约 17 公里，南北宽约 12 公里，把元朝的猎场扩大了数十倍，使南海子一跃成为北方地区最大的皇家园林。

"别苑临城辇路开，天风昨夜起宫槐。秋随万马嘶空至，晓送千骑拂地来。"从此以后，南海子愈加隆盛。永乐、正统、成化、弘治、正德、嘉靖等历代皇帝纷纷出猎于此。大规模的狩猎和练兵活动每年都在南海子上演。

"落雁远惊云外浦，飞鹰欲下水边台。宸游睿藻年年事，况有长杨侍从才。"二度称帝的明英宗为明代文坛领袖、大学士李东阳的诗词所动，欢游之余钦点"南囿秋风"为"燕京十景"之一。

宫花落雨、绿萍芳洲、走兽卧林、凫雁成群。自清帝始，南海子据皇城四周建苑的规制改称"南苑"，并再次大量增建行宫庙宇，疏浚水系，乾隆时期达到鼎盛。这一时期朝廷共拨出 38 万两白银重修南苑围墙，增修了镇国寺门、黄村门、小红门、双桥门、回城门五座大门。并在围墙上开辟了 13 座角门，方便千多名海户出入。

"六龙初驻晾鹰台，千骑从宫帐殿开。南苑车声穿碧柳，西山驰道夹青槐。"清康熙年间国子监祭酒吴伟业的这首诗生动描绘了仲春时节，康熙帝率领王公贵族、文臣武将、太监宫女纷至南苑，车辚辚、马萧萧的场景。作为距离京城最近的皇家园林，这里成为清朝帝王们情有独钟的地方，世代至此围

猎、校武、驻跸、临憩。

白天，皇族们在南苑列戟围熊、分弓射虎、捕猎水鸟，声势浩大；晚上，盛大的皇家夜宴缓缓启帷，君臣共饮，杯觥交错，歌舞升平。纳兰性德最是了解这后来被反复复制的海子映像，他在《南苑杂咏》里写道："黄幄临池白鸟飞，金盘初进鲙鱼肥。太平时节多欢赏，丝络雕鞍半醉归"。在靠近池边的地方搭起黄色的天子帐幕，惊起了水里的飞鸟，用华美的金盘端上精心烹调的肥美鲙鱼。在这太平盛世里臣子们喝得酣畅尽兴，半夜时分才骑着骏马半醉而回。

由于南海子土地平阔，这里也成为满人操演兵马，彰显军威的地方。清廷每三年举行的"南苑大阅"是其军事阅武典制中规格最高、规模最大的阅兵式。

号角高扬，军旗猎猎。康熙三十四年，皇帝亲征噶尔丹前夕在南苑大阅。当日，八旗骁骑、护军、前锋、火器诸营列阵待命。演习开始，鸣角螺，擂战鼓，排演阵法，枪炮齐发。

乾隆四年十一月，乾隆皇帝在南苑举行即位后首次大阅兵，参加检阅的八旗精锐部队近两万人。场面蔚为壮观。大学士纪晓岚有诗曰："环抱中权两翼交，森森后劲接前矛。连营画鼓声相答，八阵雕旗队不淆。"足见场面之盛大。

既适宜行围渔猎、沙场点兵，亦可休闲小憩的特色，让顺治帝在位时有三分之一的时光在南苑度过，仅顺治十三年，他就五次来到这里；康熙帝在位61年，在南苑举行的围猎阅武活动多达132次，康熙四年（1665）至康熙六十一年（1722）的67年间，康熙专程到南苑举行围猎的活动就有90次。

乾隆帝对南苑的情感最为深厚，他自幼就在此读书习武，直到85岁还来此小住，写下关于南苑的诗歌多达四百首。

"北红门里仲秋天，爽气游丝拂锦鞯。行过雁桥人似画，踏来芳甸草如烟。"他无限热爱南苑的秋。

"花笑迎人夸得意，鸟吟为我话相思。流连不是耽风景，却惜年华暗转移。"住在新衙门行宫里读书的他，不知是在思念谁？

同时，南苑独特的存在也成为清王朝外交内抚的重要场所。1652年，正是在这里的德寿寺，顺治皇帝接见了第一位进京的西藏黄教领袖五世达赖喇嘛。128年后的1789年，乾隆皇帝又在此接见了跋山涉水入京，为其祝寿的六世班禅额尔德尼。清帝在南苑大阅期间还多次接见哈萨克等国使者，对维持邦交关系起到重要作用。经过康、雍、乾三朝的经营，南苑与紫禁城、西郊"三山五园"一起，成为北京的三大政治中心。

"重帘哪得微风入，叶叶荷声急雨来。"南苑的命运总是与国运联系在一起的。随着大清帝国的日渐式微，"连阴雨"来了。大自然的洪涝灾害首先来袭。光绪十六年（1890）秋，京南发大水，永定河决口，洪水冲进南苑，丰台、黄村、永定门外一片汪洋，洪水从南苑北墙九空闸冲进海子里，南苑城墙多半坍塌，麋鹿等动物逃散。此时，正值清廷国库空虚，危机四伏，已经无暇修缮。比天灾更狠的是人祸。10年后，八国联军蹄践北京，南苑行宫寺庙被毁，鸟兽多被射杀。光绪二十八年（1902），国库捉襟见肘的清政府开始出售"龙票"，拍卖苑内荒地，宫廷太监和官僚趁机占有了大片土地，在海子里相继建起数十座地主庄园。南苑这座六百年历史的皇家苑囿就此消失。

写到这里，南苑的故事还远没有结束，虽然皇室苑囿不存，但因其重要的交通区位优势，使之逐步成为北京南部的重要军事屏障和屯兵之所。1904年，袁世凯将北洋陆军第六镇派驻南苑，建起七座大营。后来的国民党二十九军也驻扎于此，数千名学生兵曾与日军白刃死战，全部壮烈牺牲。让南苑平添了几份铁血悲壮和浩然正气。

中华人民共和国成立以后，南苑旧地成为农场，1955年，南苑最后一座苑门——大红门因妨碍交通被拆除。及至20世纪80年代，消失的南海子湿地沦为采砂场、垃圾场。

2010 年，这一曾经的皇家猎苑又迎来新的涅槃，经过近十年建设，南苑浴火重生，成为北京四大郊野公园之一，也成为北京市最大的湿地公园——南海子公园。

"南囿秋风"古韵重现，南城"绿肺"风尘翕张！

王朝兴衰，沉浮南苑。

南苑，是天下山河的一面镜子。

在河之洲

女娲补天，河孕万物。

它在狂放不羁后归于沉寂，又在羸弱中风生水起。

洲上，赫赫皇城，连天宫阙。西山嵯峨，古道辚辚。

洲下，雎鸠来仪，荇菜参差……

中篇

瀚海金湾 01

追溯北京三千余年的建城史和八百六十余年建都史，永定河何止是一脉寻常远水。

七九河开，八九雁来。2020 年的冀北大地虽多有料峭春寒，但春天的脚步终是挡不住的。在桑干河、洋河即将交汇形成永定河的涿鹿盆地，积雪开始融化，古老的河道里松动的冰层慢慢开裂，大块小块的流凌相互挤压着、叠重着，冲击着堤岸，又打着旋儿奔向前方。此时，经验丰富的水务工人正穿上特制的水裤下到坝口，清除冰障，疏浚河道，那随着河路向四方延伸铺展开来的块块田畴正嗷嗷待哺。

一路东去，一路泽润。此时吸了桑洋两河余汁的新贵——永定河愈加精神焕发，在纳了延庆的妫水后，变得更加欢快。不甘寂寞的河风也赶来凑热闹，它裹起官厅湖的湖腥味儿，掠过幽州村，飘进沿河城，急吻了一下珍珠湖，沿着冰消雪化的百里山峡一路涤荡，在三家店总算歇了征尘，变得不急不躁了。永定河却不敢懈怠，几百万年来执着前行的性格，使它只要一丝水脉尚存，就会一直向前，向前。

亘古洪荒，山川造化。清流澄波，惠泽八方。是啊！今兮之永定河正以大海般的情怀滋养万物、哺育生民；而上古之永定河则以惊天伟力，席卷上游泥沙，竟开天辟地般造就出一个神奇而伟大的地方——北京湾。

一、洪涛厚土

大约在距今十二三亿至四亿年前，北京地区还是一片汪洋大海。后来整个华北地区地壳上升，海水逐渐退去，陆地逐步扩大。大约在距今一亿五千年至七千万年的时候，这里又发生了一次强烈的地壳运动，这就是著名的燕山运动。剧烈的火山爆发造成大量岩浆岩的堆垒，从而奠定了北京地区近代山水形成的基础。

在这次运动中，构成北京湾一侧屏风的燕山山脉逐步崛起；另外一侧的太行山脉也在一次次地质活动中大幅度隆起并逐渐形成。两山在华北平原北端形成交会围合之势，造就了一个西、北环山，东、南向海的半圆形大山湾，这就是北京湾。

北京湾独特的地质构造，使这一地域西北靠山，东南面光。冬拒朔风，夏纳熏风，阳光充足，气候湿润，生存环境可谓优渥。它唯一缺乏的就是肥沃的土壤。此时因造山运动形成的北京湾还是一片瘠薄的凹地。也就是在这时，经过漫长的地质活动作用，太行山深处突然水势浩瀚，波涛汹涌，冲出一条大河。它卷裹着上游的泥沙砾石倾泻而下，将凹地逐步填埋。它所形成的巨大洪积冲积扇相互叠压，成为构成北京小平原的重要物质基础。

这条河就是今天的永定河。

永定河的河龄究竟有多长？ 2008 年 7 月，北京市地勘局地质调查研究院终于有了答案。技术人员通过对永定河冲积物的研究发现，永定河最早的沉积物——泥砾岩形成年代距今约 300 万年。也就是说地质研究认为北京永定河已经约 300 万岁了。

据有关专家考证，历史上永定河上下游并不相通，这条河的形成年代就是指其上下游连通，即延庆古湖和北京古湖连通的时间。

北京市社会科学院研究员尹均科先生就永定河的形成作出这样的描述，"早在大约喜马拉雅运动后期，北京湾与河北平原拗折下沉，西边的准平原地带重新慢慢隆起，从西向东地面一升一降的这种变化，使'三家店河'上游的溯源侵蚀加速加剧，河水下切河源向西延伸。与此同时，涿鹿—怀来—延庆盆地的湖水向东的侧压力增大，湖水的波涛对东岸的侧蚀也加剧加速，经过几十万年、几百万年的这种作用，相向进行的'三家店河'的溯源侵蚀与大湖湖水的东向侵蚀，终于在某一天冲垮中间薄弱地带的阻隔，胜利'会师'了。"于是涿鹿—怀来—延庆盆地的浩渺湖水顺着'三家店河'的河道倾泄而下，穿

切百里太行山脉，汹涌澎湃，倾泻而下，永定河诞生了。它的横空出世使北京湾平原发生了沧海桑田的巨变。

汹涌澎湃，倾泻而下。北京地势西北高、东南低的特征，使永定河最古老的洪积冲积扇体的范围，包括了今天北京石景山、西城、东城、朝阳、大兴等区的全部及海淀南部、丰台东部、通州西南部和房山东部。在河水的冲刷下，这些由沙砾石、中粗砂、粉细砂、黏土组成的沉积物经年堆积，边缘细沙带形成的土壤，正适合耕种，充足的水源保障了山前农作物的生长。这样北京湾就具备了人类繁衍生息的基本条件。

很快，我们的先祖在不断迁徙中看上了这块风水宝地，他们最终在永定河洪积冲积扇脊背的一侧，一块地势平缓，土壤肥沃，且有微微隆起的小丘上停留下来，聚落成群，繁衍生息，并形成了北京城最早的雏形——蓟城。由此，在北京小平原上，也拉开了王权更迭、风云际会的历史帷幕。

二、宫阙连天

如前所述，北京建城之始，其名曰蓟。蓟国是中国商代到春秋中期的诸侯国，国君为尧的后裔。蓟国都就是蓟城，在今北京市区西南广安门一带。后来，蓟国有了新邻居，这就是燕国。

公元前 11 世纪中期，周武王灭商后分封诸侯国，其中同姓贵族召公姬奭被封于北燕。《史记·燕召公世家》载："周武王灭纣，封召公于北燕。"但是，姬奭受封于燕又不在燕，而是派他的长子克管理蓟地，自己则留在都城镐京（今陕西西安）继续辅佐周王室。燕国的都城在今北京市房山区琉璃河镇，这样燕国与蓟国就成了友好邻邦。

不过这邻邦可不是那么好处的。丘吉尔说过，"世上没有永远的朋友，也没有永远的敌人，只有永远的利益"。而利益对立也是国家间冲突的根源。公元前7世纪，发展强大的燕国开始向冀北、辽西一带扩张，蓟国自然成为扩张的障碍和吞并首选，最终千年蓟国亡于燕国。

到了公元前664年，燕庄公在齐桓公帮助下打败山戎后，开始逐渐营建上都蓟城，至燕襄公时蓟城成为燕国的国都。此时的蓟城商业、手工业逐步发展起来，城市空前繁荣。不过燕国虽为战国七雄之一，但在诸侯列国中始终处于中下游地位。春秋晚期，北方的戎狄各部逐渐强大，迫使燕国又一次徙都到易。"子之之乱"后，燕昭王在易水高筑武阳城，是为燕下都。

"风萧萧兮易水寒"，易水河畔太子丹目送荆轲刺秦王，大约是燕国最为悲壮的绝笔了。刺秦事败后，秦将王翦、辛胜兵临易水，燕王喜兵败后不得不放弃蓟城，率兵退至辽阳，五年后燕国亡。

秦灭燕统一六国后，设置郡县，属广阳郡的北京、曾经以富庶而闻名的蓟城这次改名字了，叫蓟县（今蓟州区）；西汉时增设州（刺史部），北京又归属幽州广阳国；东汉时属幽州广阳郡。隋代再次完成统一，重设郡县两级行政，北京属涿郡，成为隋唐大运河的北端。

只是县也好，郡也罢，不得不说从整个秦汉到隋唐，中国历代王朝统治核心一直都在有着黄河之险、崤涵之固的关中盆地。幽燕之地也只是作为北方重镇、交通要枢默默无闻地存在着。

不过从一些史籍中我们仍能找到关于北京城市发展的点墨记载。西汉时，汉武帝封其子刘旦为燕王。刘旦在蓟城建起万载宫、光殿。后来刘旦谋反失败，其子建被立为广阳王。此时的广阳人口众多，集市上汉人、匈奴人、挹娄人等络绎不绝。冶铸、纺织和商业也很发达。

东汉时期，渔阳太守郭伋在任5年，整顿社会秩序，防御匈奴犯扰，使得民安其业，户口倍增。后张堪拜渔阳太守，整饬治安，郡内安定。他率数千骑兵驰击，大破匈奴入犯万骑，又在狐奴（今顺义）开辟稻田8000余顷，劝民耕

种，以致殷富。

唐初武德年间，涿郡复称为幽州。贞观元年（627），幽州划归河北道，后成为范阳节度使的驻地。作为农耕与游牧的结合部，这里胡汉杂居，受游牧民族文化影响，民风彪悍好武。安禄山以此为大本营，差点覆了大唐的天下。

五代初，契丹势力进入华北，中原王朝同北方游牧民族的战略重心不约而同地转向北京。这座城市终于开始风生水起了。

公元 938 年，后唐河东节度使石敬瑭把幽州拱手送给了契丹。具有战略眼光的耶律德光得幽州后，于当年升幽州为南京，又称燕京，这样北京一跃成为辽的陪都。同时以皇城为主的各项工程建设也全面铺开。建成后的南京城开八门：东为安东、迎春；南为开阳、丹凤；西为显西、清晋；北为通天、拱辰。西南隅是皇城。据《契丹国志》记载：辽南京城"户口三十万，大内壮丽，城北有市，陆海百货，聚于其中；僧居佛寺，冠于北方，锦绣组绮，精绝天下"。南京城内有民居二十六坊，坊巷布局严谨，规制井然。城里的店铺和市集，集中在六街和北市。辽还创制了自己的文字，并在南京开科取士。辽南京遂成为中国北方的文化教育中心。

登上更加炫目的舞台需要自身努力，当然还要拜托名导推上一把。金朝贞元元年（1153），北京赢啦！大导演海陵王完颜亮慧眼识珠，正式建都于北京，称为中都，这样北京作为国都的生涯就此开始，其城市建设也在薪火接力。

金中都，历时两年，120 万人参与建设，大城周长 37 里，城墙高 40 尺。殿堂馆阁、亭楼宫观计 910 座。这样的数据和建设规模，在当时的世界城市中，也能排个相当好的位次吧？

此时的中都分大城、皇城和宫城三重。大城开十三门，分别命名为施仁、宣曙、阳春、景风、丰宜、端礼、丽泽、颢华、彰义、会城、通玄、崇智、光泰。大城套着皇城。皇城正门宣阳门内，东西分置文楼、武楼。特别是位于北端的宫城正门应天门，楼高八丈，四隅角楼，琉璃瓦顶，金铺朱户，气象万千。城外有天、地、日、月四坛，分列南北东西四方。城外大路宽阔平直，夹道植柳，延伸百里。

蒙古旋风很强势，但总是很过火，屠城一直为世人所诟病。中都虽华丽，时光却短暂，仅仅三十多年后，成吉思汗便率着他的草原铁骑席卷而来。城破！除了杀人，成吉思汗更在意旧王朝都城的存在，赫赫中都城就这样被付之一炬。大火时断时续，延烧了整整一个月。在胜利者的眼里，只有把这些象征王权的坛坛罐罐全部砸烂，才算得上彻底的颠覆与征服。

撼山易，不过此时王朝虽是走马灯，但若是想撼动北京作为全国政治中心的地位怕是难了！元朝，整合北方、问鼎中原，虽然一把火烧了中都城，但作为一个起于草原的大一统王朝，要保持草原和中原的有机联系，北京是它的必然选择。

成吉思汗的孙子忽必烈继承大汗之位后，把这里改名元大都。大都在突厥语中又称"汗八里"（Khanbaliq），意为"大汗之居处"。

元统治者在原金中都的东郊离宫万安宫及其山水环境的基础上，更加注重建筑布局的中轴线概念，历时18年建成的元大都城即以宫殿的中轴线作为城市的中轴线，都城周长约60里，有城门11座。宫城东西南北各置一门，城内的主要建筑分为南北两部分，南面以大明殿为主体，北面以延春阁为主体。大都城人口有四五十万，城内居民分为50坊，坊各有门，城内街道呈棋盘形分布，南北和东西各有9条大街。屋舍俨然，井井有条。

当时大都城商业繁荣，拥有各种各样的集市。据说，每天运进城里的丝就有1000车。世界各国使节、商人、僧侣、旅行家更是络绎不绝。《马可·波罗行记》记载："应知汗八里城内外人户繁多，有若干城门即有若干附郭。此十二大郭之中，人户较之城内更众。郭中所居者，有各地来往之外国人，或来

入贡方物，或来售货宫中。所以城内外皆有华屋巨室，而数众之显贵邸舍，尚未计焉。"

元朝的统治不过百年，大概明帝朱元璋也没有想到四子燕王朱棣会这么快就逆了龙鳞，继承大统，还把大明的老巢直接迁到了他的第二故乡——北京。对此，赞同北迁的群臣曾上疏曰："伏惟北京，圣上龙兴之地，北枕居庸，西峙太行，东连山海，俯视中原，沃野千里，山川形势，足以控制四夷，制天下，成帝王万世之都也。"我想朱棣之所以迁都，除了难以言说的个人情感外，这段奏疏对北迁之要义已经表达得足够充分了吧。

明成祖朱棣在迁都前，对北京城垣宫室进行了大规模修缮，展拓南城，开挖南海，扩大原太液池水面，特别是兴建起盛大的紫禁城。经过十五年的建设，至永乐十八年告成，十九年初才正式迁都北京。

明北京城是在元大都的基础上，参酌南京城池宫殿规制营建，分宫城、皇城、内城和外城四重。宫城又称紫禁城，占地面积72万平方米，建筑面积约15万平方米，其南北长961米，东西宽753米，城墙高10米，城外有宽52米的护城河。可以说，紫禁城的兴建汇聚了中国古代建筑工匠的杰出智慧，即便是在六百年后的今天，我们依然会为它的宏大和瑰丽所震撼。

在明清交替之间，还横着一个政权——大顺。李自成带着一帮农民兄弟与明朝格斗了十六年，终于在1644年大年初一于西安登了基，但这并不是他的终极目标，他的目标是在北京城堂堂正正地做一回皇帝，毕竟200多年来的所有皇帝都是住在紫禁城里的。

两个多月后，李自成顺利实现了自己的愿望，不仅住进了紫禁城，还在武英殿里举行了正式的即位大典，不过这大典未免太过草率和凄惶，因战况突变，此时坐在龙椅上的闯王已经五味杂陈了。山海关溃败，京城之后无归路。可叹，大顺政权最终不得不为自己的骄奢买单。只可惜，那锦绣王城又成了牺牲品，他挥手之间的一个"烧"字又将这些殿宇化为焦炭。

你方唱罢我登场。五个月后清帝顺治进京，他在幸存的武英殿内正式亮相，即皇帝位，并昭告天下，宣布"兹定鼎燕京，以绥中国"。此时皇城内除了武英殿外，也只剩建极殿、英华殿、南薰殿、四周角楼和皇极门未焚了。烧了再建，此后历时14年，清廷将中路建筑基本修复。康熙二十二年（1683）开始重建紫禁城其余被毁部分，至康熙三十四年基本完工。乾隆帝即位后，对紫禁城进行了大规模的增建和改建，使紫禁城成为拥有大小宫殿七十多座，房屋九千余间的世界级建筑群。

以山为龙，以水为脉。太行山、燕山交会环围，永定河自西山建瓴而下，环绕畿南，流通于海，万水朝宗。这种山势与水局，是否也是北京湾盛产古都的重要因素之一？

追溯北京3000余年的建城史和860余年建都史，永定河何止是一脉寻常远水。

帝都泓澄

02

可以说历史上的永定河是京城的「生命水道」，这条河流与这座城市有着唇齿相依的不解之缘。

　　水是生命之源，也是城市之魂。就像塞纳河之于巴黎，泰晤士河之于伦敦，尼罗河之于开罗，哈德逊河之于纽约。亦如中国的黄浦江与上海，嘉陵江同重庆，黄河与洛阳，渭河与西安。

　　择水而居是生存前提，水阔城秀、水尽城废则是自然法则。北京也不例外。这座3000多年的古城同样需要强大的水脉作为支撑。"先有永定河，后有北京城"，历史上永定河正是北京水源的重要保障。尽管北京有5大水系，大小支流180多条，但对北京城市发展贡献最大、恩泽最广的还是永定河。

　　翻开北京建城史，原始聚落在永定河下游的山前冲积扇平原上建立"蓟"，成为城市的雏形。在古永定河的滋养下，蓟城地下水源充沛，流泉喷薄，溪水潺潺，湖沼密布。此后从蓟城到战国燕都、唐幽州城、辽南京城、金中都城、元大都到明清，时代和朝堂虽风云变幻，但永定河却始终直接或间接地为京城提供着水源。

　　远古的永定河出西山后，由于地质构造、泥沙堆积等原因，从商周时期开始到清康熙年间筑堤为止，一直在北京平原上从北向南呈扇形摆动。

　　商代之前，河水出西山后经八宝山向西北方向流去；西周时期，永定河主流从八宝山北摆至今紫竹院一线，经今积水潭沿坝河及北运河方向入海；春秋至西汉期间，河水自积水潭又摆向南流，经今后海、什刹海、北海、中南海向南流去，经龙潭湖、萧太后河和凉水河流入北运河再入海。隋唐时期这条河又多次南移。

　　永定河这种频繁的摆动波及北京大部分区域，留下了几十条故道，这些故道在北京小平原上又孕育出大量的河流、湖沼。

　　今天，北京城北部的金钩河、清河，京城中部的高粱河，南部的凉水河、凤河、龙河、天堂河、小清河都源出永定河故道。凤河与凉水河的上游还在北

京南部形成很多坑塘和泡子，明朝时还形成了周围160里的大小五个海子。同时北京一些著名的湖泊也由故道上的泉水逐渐汇集而成。如今天的昆明湖、积水潭、后海、什刹海、北海、中海、玉渊潭等。这些水体的产生，不是永定河流过后的积存，就是永定河冲积扇的地下水溢出，就像这条河流分出的枝杈或毛细血管，向北京大地输送着丰沛的水源。

在北京东郊通州张家湾以南，辽金时期有一个方圆数百里的湖泊，叫延芳淀。这里烟波浩渺，碧水荡漾，沿岸芦苇茂密，绿柳婆娑。水中莲菱飘香，鱼虾游弋，每年春季大量候鸟翔集于此。据《燕山丛录》描述，"辽帝逢春必来此打猎，当时延芳淀可谓'水鸟亿万成群'。辽主打猎时将士在上风口使劲击鼓，把水草中隐藏的天鹅惊吓出来，当天鹅在水面起飞的时候，卫士就放出海东青（一种猎鹰）去猎捕天鹅"。

同延芳淀一样，由于地势较为低洼，永定河改道南流等原因，在北京西北郊也出现了大片湿地，这些湿地被统称为"海淀"。"海"是大的意思，"淀"为浅湖的总称。这就是今天北京市海淀区名字的起源。几百年前，这一区域曾经港汊纵横，湖波荡漾，一派江南水乡景致。

明朝的蒋一葵在《长安客话》中描述道："水所聚曰淀。高梁桥西北十里，平地有泉，涓澎洒四出，淙汩草木间，潴为小溪，凡数十里。北为北海淀，南为南海淀。远树参差，高下攒簇，闲以水田，町塍相接，盖神皋之佳丽，郊居之选胜也。"

在永定河故道留下的众多河流湖泊中，莲花池和高梁河最引人关注。三千多年前，北京的前身蓟城，就是依托着莲花池水系生存崛起，直到金朝在此建都，整个城市的水源供给都没有离开过这一水系。

而高梁河是元代建都的主要依托水系，高梁河水系一直贯穿于北京城的心脏地带。在整个明清时期，高梁河依旧扮演着京城供水灌溉和漕运的重要角色。可以说，这"一池一河"在北京城市发展史上占有着十分重要的地位。

莲花池在古代又称"西湖""太湖""南河泊"，其位置在今广安门外。湖面东西 1000 米，南北 1500 米。据传莲花池是因广种荷花而得名。相传金章宗宠爱的李妃喜爱荷花，便在此地密植，又移荷花于太液池，一时间北京地区尤其丰台地区民间及士大夫官院争相效仿，还兴起了一波种荷的风潮。

在莲花池的下游还有一条小河，叫莲花河，古称"洗马沟"，辽代及以前小河沿城外东侧南流，然后沿南城墙外东流，又东南注入清泉河（今永定河）。

金天德三年（1151）在建中都城时，为了解决护城河与城内宫苑的水源问题，便将莲花河水的一支引入皇城，并以此水为魂建起了风景秀丽的同乐园及太液池。在太液池南端又分出一支清流东入宫墙，开辟了极为华美的琼林苑及琼池，后改称鱼藻池，亦称西华潭（今青年湖）。在鱼藻池的南端又开凿出一条南流的小渠，在皇城南墙外水流重新汇入莲花河。这就是金代营造的莲花池水系。

高粱河又称长河、高粱水，金代称高良河、白莲潭。北宋时期，高粱河畔宋辽之间的一场大战让这条河流载入史册。

高粱河发源于平地泉（今紫竹院湖），是古代永定河水系中的一个小水系，大约在西汉以前是永定河出西山后的一条干道。东汉以后，永定河河道南移，原来的河道即成为高粱河。

元建都北京后，其面积和人口都数倍于前，莲花池水系已远不能满足人口增长和城市发展的需要。因此，元朝兴建大都城时，离开了金中都旧址，将城市中心迁到了其东北郊，正是因为那里有水量更为丰沛的高粱河水系作为保障。

1293 年，元朝著名的水利专家郭守敬为了解决大都城漕运问题，又北引昌平白浮泉水，汇经西山诸泉水入瓮山泊，再循高粱河汇于积水潭（海子），直

达通州。使高粱河水系又担负起输水和漕运的重任。明代时，高粱河改名为玉河，成为京城的主要供水来源，也是玉泉诸水引入京城的唯一河道。

高粱河不仅是京城重要水源地，其河畔风光也相当优美。元朝时西直门外的一段成为游览胜地。明朝时又在沿河两岸修建了不少寺庙，像万寿寺、紫竹院、真觉寺等。明代"公安三袁"中的袁宏道在《高粱桥游记》中写道："两水夹堤，垂杨十余里，流急而清，鱼之沉水底者，鳞鬣皆见。精蓝棋置，丹楼珠塔，窈窕绿树中。而西山之在几席者，朝夕设色以娱游人。当春盛时，城中士女云集，缙绅士大夫非甚不暇，未有不一至其地者也。"由此高粱河之魅可见一斑。

与皇家开渠引水满足大量需求不同，京城居民日常生活所需主要取自地下水。历史上，北京城的地下水位比今天高了许多，水井在城市中广泛分布。通过对传统街巷名称的检索，我们会发现带有"井"字的街巷不在少数。而语言学家认为，"胡同"一词在阿尔泰语系的很多语种(如蒙古语、突厥语、女真语、满语)中，即是"水井"之意。可见，在没有现代供水设施前，水井是城市居民的重要水源。据考证从古蓟城内出土的大批战国至汉代的陶井，到明清北京城大街小巷数以千计的水井，其水源都直接或间接地来源于永定河。

水木京华，满城葳蕤。平地流泉，河网密布。优质的水源和水利条件为北京城的发展提供了重要保障。据北京市地质部门调查，北京地区曾有泉眼1347处，总出水量2亿多立方米。清朝在这些丰沛水源的支撑下，在前后150年时间里，建起了绵延10余千米的园林景观。在著名的"三山五园"中，畅春园和圆明园的水主要来自万泉河，部分来自昆明湖。而万泉河、昆明湖皆是在永定河故道上形成的湖泊。燕山十景中的"玉泉垂虹、蓟门烟树、卢沟晓月、太液秋风、琼岛春阴"皆托永定河的神奇造化。

大自然孕育了河流，河流又哺育了城市。可以说历史上的永定河是京城的

"生命水道"。永定河水滋养了北京城，养育了北京人。物换星移，时空变换，这条河流与这座城市始终相望相守，有着唇齿相依的不解之缘，它融在北京的山岚晨曦、锦霞灯火里，成为这座城市重要的水脉、文脉和根脉。

膏腴河平

03

千里流淌，广惠民生。

滋养阡陌，支撑漕运。

一

今天是 2020 年的农历二月二，疫情肆虐下的神州大地正在一天天向好，总算有了云开雾散的兆头。或许是压抑太久的缘故，或许是太渴望这场胜利，从黎明开始，城郊祝祷雨顺风调、国泰民安的炮仗就一浪高过一浪，甚至比大年初一还要热烈和震撼。

"二月二"龙抬头日又称"春龙节"，亦称"春耕节"，意味着一年的农事生产即将展开。"引河水，灌民田，以利耕种。"这时节的永定河流域，开河之际的农田灌溉是头等大事。一河春水，款款涌流，渠水涓涓，如画田畴。此景已穿越了几千年。

追溯中国的灌溉史，最早见于记载的灌溉工程是春秋时期楚国令尹孙叔敖借淮河古道泄洪，筑陂塘灌溉农桑，修筑了中国历史上第一座水利工程——芍陂。最著名的引水工程建在秦国。公元前 250 年左右，秦蜀郡太守李冰主持修建都江堰，引岷江水灌溉成都平原，使那里成为"沃野千里"的富庶之地。

永定之水浩浩汤汤，这一流域的先民们造堰开渠引水的确切记载是在三国时期。曹魏嘉平二年（250），在幽州驻守的镇北将军刘靖体恤民情，深知百姓疾苦，决定把引水灌溉作为提高粮食产量，振兴边地经济的重要举措来抓。他亲自勘察地形，考察源流，组织军士千人在今天的石景山永定河古河道上筑拦水坝、导水东流，筑起戾陵堰。又沿山壁开凿车箱渠将㶟水（今永定河）向东引入高粱河故道，使蓟城周边两千顷农地变成了旱涝保收的水田。

十二年后，为扩大灌溉面积，主管河堤事务的官员樊晨又奉命对工程进行改进。这次改造后，"水流乘车箱渠，自蓟西北迳昌平，东尽渔阳潞县，凡所润含四五百里，所灌田万有余顷"。

　　元康四年、五年间 (294—295)，因地震和洪水等灾害，戾陵堰被冲毁了四分之三，车箱渠漫溢，渠、堰几乎废弃。刘靖的小儿子、骁骑将军刘弘继承父志，率 2000 名将士扛起重修水利的大旗。他亲临坝地，指挥修复工程。工程的实施得到了当地民众的热烈响应，乌丸、鲜卑部众也主动加入修渠队伍中来。经过六个月的建设，戾陵堰、车箱渠的灌溉功能得到恢复。

　　后来晋室南渡，北方进入十六国战乱时期，戾陵堰、车箱渠再次失修荒废，但是它曾产生的灌溉效益一直为历代王朝所认可。北魏孝明帝时，决定重修戾陵堰，平北将军、幽州刺史裴延儁受命实施。经过这次整修，这一区域的土地灌溉面积达到了一百多万亩，黍、稷、稻的收益是旱地的十倍。

　　北齐时期，堰渠得到进一步维修、利用和拓展。《北齐书》记载："斛律羡转使持节，都督幽平营东燕六州诸军事，幽州刺史。导高粱水北合易京，东汇于潞，因以灌田，边储岁积，转漕用省，公私获利焉。"

　　《册府元龟》记载，到了唐朝裴行方镇守幽州时，"引卢沟水，广开稻田数千顷。百姓赖以丰给"。

　　金代，为了解决中都的漕运问题，金朝自卢沟桥左岸的麻峪村附近开金口，借道古车箱渠，引永定河水入都城，称金口河。这条河开成之后虽因水流湍急等原因未能如期漕运，但两岸的稻田却广泛受益。正如元代郭守敬的评价："其水自金口以东，燕京以北，灌田若干顷，其利不可胜计。"

　　明清时期，永定河的水利工程主要集中在门头沟一带。光绪七年至八年，左宗棠部将王德榜利用 10 个月时间，组织军民在这一区域轰山取石、碎石烧灰、伐石砌坝、凿石成渠。在永定河出山口右岸地域修建了下苇店、丁家滩、野溪、车子崖、琉璃渠五处水利工程，同时开凿了城子至卧龙岗的灌渠，称"城龙灌渠"。引水浇灌十余村数万亩良田，全长有十余公里。

　　2005 年 5 月 4 日，北京市门头沟永定河水闸清淤现场挖出一条百年前修筑的古渠道。这条渠在中华人民共和国成立后因修建三家店水闸被掩埋，如今又重见天日。结合文献记载，这就是具有悠久历史的城龙灌渠。

在永定河左岸门头沟三家店地区，也有一处古老的灌渠——兴隆坝。坝渠建设年代大约在元末，坝宽约二丈、深约一丈、长十余公里，共有沿岸六个村受益。这个坝渠是一个科学、巧妙的排灌系统，既能浇地、提供生活水源，也能排涝和淤田。为了便于管理，1930 年，六村用水村民还自发成立了"民生水利会"，水利会由三人组成，设坝头、司账、杂工各一名。坝头负责水渠全面管理，如组织渠道维修、用水调度、防洪排涝等；司账负责收取水费、购买物资等财务工作；杂工跟坝头学徒，干一些杂务。各村还设一名巡沟员。

临河而居的便利，不仅让三家店人尽享灌溉之益，还坐收淤田之利。元、明、清三朝，这里淤地造田达数千亩。经过数百年淤灌，曾经的沙石滩变成了肥沃的良田。

不过三家店人的淤地并非个例，在整个永定河流域，无论是平民还是官方，都早已看到了利用河水淤田造地所产生的效益。

《光绪顺天府志》记载："宛平县治西南，卢沟桥西北，修家庄、三家店等处，引永定河水泄之村南沙沟，不粪而沃，六年凡营成稻田一十六顷。"

《乾隆·东安县志》上说："永定河不通舟楫，不资灌溉，不产鱼虾，然其所长独能淤地。自康熙三十七年（1698）后，冰容、堂二铺、信安、胜芳等处，宽长约数十里，尽成沃壤；雍正四年（1726）东沽港、王庆坨、安光、六道口等村，宽几十里，悉为乐土。兹数十村者，昔皆滨水荒乡也，今则富庶甲于诸邑也矣。"

二

千里流淌，恩泽京畿。历史上，永定河不仅润物无声般滋润了这一流域的平畴沃野、阡陌农桑，还在漕运、航运等这些影响朝堂经略、民生发展的重大战略问题上起到了重要的支撑作用。

隋炀帝即位后，为了漕运便利和东伐高丽的需要，利用天然河道及旧有渠道开凿了以洛阳为中心，南通余杭（今杭州），北达涿郡（今北京），沟通南北五大水系的大运河。据《隋书·炀帝纪》记载："大业四年（608）春正月乙巳，诏发河北诸郡男女百余万开永济渠，引沁水南达于河，北通涿郡。"继溯桑干河（永定河）通今北京。

于德源先生的《北京古代交通概说》也对大运河北京段进行了这样的叙述："在隋代，今永定河亦称清泉水（河），从蓟城南侧沿今北京大兴县凉水河、凤河一线向东南散漫枝分，注入潞河。隋人在清泉水下游凿渠，使枝分的漫水汇成一渠（这是永济渠的又一重要工程），集中注入潞河。这时自潞河即可折向西北入清泉水（今永定河）直抵永济渠的北端终点——涿郡蓟城（今北京）。"

这条大运河贯通以后在隋唐时期发挥了重要作用。史书记载，当年隋炀帝从江都（今江苏扬州市）乘龙舟入通济渠，又转入永济渠，北抵涿郡，行程历时两个月。

这一黄金水道的开通，也使隋炀帝征讨高丽的军事计划得到顺利推进，大批战略物资被源源不断地运到涿郡。隋大业七年（611）七月，"发江、淮以南民夫及船运黎阳及洛口诸仓米至涿郡，舳舻相次千余里，载兵甲及攻取之具，往还在道常数十万人"。

在唐代，永定河的漕运实力依然强劲。武则天执掌朝政时期的右拾遗、大诗人陈子昂就曾建议朝廷："请令今年江淮漕运船只数千艘将本年租米自洛阳直接转运到幽州（今北京），一次可输军粮百余万斛，可解决军食之需。"足见这条河流的运输量和承载力。

唐朝初年"韦挺运粮"的典故也多为后人所提及。这一年唐太宗准备征伐辽东，却又苦于幽州（治今北京）以北军事后勤补给难以保障，于是决定开辟交通线以保证大军的后勤供给。颇得唐太宗赏识和重用的韦挺被委任为馈运使，负责开辟路线并将粮粟从河北运往辽西。

韦挺到达幽州（今北京）后，在前方航运状况尚不明确的情况下，就购木造船，于贞观十八年（644）载米循桑干河（今永定河）东至卢思台，行800里远，遇到前方巡视水路的官员才得知再向前去的漕渠已经淤塞封冻。韦挺无奈，只好将军粮卸于卢思台侧，准备第二年春暖后再行转运。这样就耽误了唐太宗精心筹划的征辽大计。消息报到朝廷，太宗大怒，将韦挺免职，贬为象州刺史。

在元代，为保障兴建大都所需木材，著名的天文学家、数学家、水利工程专家郭守敬又提议重开金口河，"导卢沟水，以漕西山木石"，"上可致西山之利，下可广京畿之漕"。这一建议被采纳后，郭守敬采取了在金口之上另开深广的减水口分流洪水等工程措施，使金口河从至元三年（1266）到大德五年（1301）成功利用了35年，为元代兴修大都城运输所需能源和建材起到了重要作用。

同时，为了将南方的粮食顺利运到大都，郭守敬向忽必烈建议实施通惠河工程。1293年通惠河开凿，引昌平白浮泉水向西，一路收集西北一带山泉汇入瓮山泊（今昆明湖），经长河，过西水门汇入积水潭，复东折而南，利用金朝修建的运粮水道径直向东，至通州高丽庄入白河，与大运河相衔接，形成一条水

131

上运输通道。郭守敬的"白浮引水"可以说是北京历史上最成功的引水工程，这项工程采用河道上建闸的办法，成功解决了漕船沿着京杭运河北上到通州后逆流而上的难题。

通惠河开通以后，北京的积水潭成为大运河北端最大的码头。来自江浙的漕船停泊在积水潭里，几乎遮盖了东西宽达二里的水面，形成了水深浪阔，樯帆蔽日的宏伟景观。

到了明清时期，永定河除尚能运粮外，仍担负着与建设元大都如出一辙的木材运送任务。由于都城对木材消耗量巨大，产自永定河上游昌平、怀来、保安州（今河北涿鹿）、蔚州（今河北蔚县）等地的木材，砍伐后被置于河中顺流而下，漂流至石景山河段的渡口，捞上岸晒干后再运往京城。这样的方式极大地节省了人力、物力和财力。

清时，永定河仍可载舟穿行，康熙和乾隆两位皇帝都曾多次泛舟永定河视察水务，并留下了诗篇。康熙帝1716年在《舟中观耕种》中曰"四野春耕阡陌安"；乾隆皇帝1753年春巡巡查廊坊永清段新下口时，看见两岸百姓能够安居乐业，喜作《堤上四首》、舟中作《乘舟观永定河下口》。

不过，此时的永定河已经不能再行漕运了，河道治理已经成为重中之重。

沼乡泽国

04

人们只能拈香祈晴，望河兴叹。「无定河」其实也是一条「无奈河」。

曲水逶迤，化沙碛为膏腴。潮平岸阔，遣惠风以通河络。

悠悠永定河以其恢宏的气势和雄健笔力写下了千年传奇，然而它的暴戾凶悍同样惊世骇俗。

历史上，永定河上游流经山西黄土高原，山区坡陡水急，携带大量泥沙卵石，其含沙量仅次于黄河，因此又有"小黄河"之称。

永定河在辽代之前尚属温驯，自从辽代历史文献中对河水漂溺村庄、庐舍便多有记载。这条滋养京华的长河一改"清泉河"的儒雅与平和，变得愈加喜怒无常，它开始在北京小平原上肆意横冲直撞，沿岸发生洪水灾害，以致漫溢决口的情况也愈加频繁。浊流滚滚，冲田毁园，洪峰过处桥塌沟陷、人畜溺毙。据统计，从1271年后的800多年间，永定河共发生大小水灾124次，洪水6次冲至北京城，8次水淹天津。81次决口，9次改道。水患触目惊心，发人深思。

永定河的水患一般都发生在汛期，这些汛期主要包括春季开河的凌汛、夏季的麦汛和伏秋大汛。尤其是麦汛及伏秋大汛洪水凶猛，加上暴雨骤降或苦雨不止，往往酿成大灾。

特别是进入元明清以后，多年的淤积使得河床升高，永定河逐渐成为地上河。在元朝的98年间，京城大都发生水灾的次数明显增多。据元史记载，浑河（永定河）决溢致灾达22次。

北京城由于西北高东南低，永定河西卢沟桥海拔57.6米，比北京城内足足高出20多米，因此这条河一旦决口，水淹北京城就是必然。在明王朝享国的276年间，北京地区的水患愈加严重。

历史记载，北京在明万历三十五年，也就是1607年曾经发生了一起特大水灾。这年的春夏较旱，农历5月中旬朝廷还举行祈雨活动，闰六月二十四日这一天，天空突降暴雨，且一发不可收拾，终致水灾。

史书描述了这场罕见的大雨："大雨如注，经二旬……""阴雨不懈，……昼夜如倾。"这场大雨一直持续到七月中旬，使得京城悉被水浸。"高敞之地，水入二三尺，各衙门内皆成巨浸。九衢平陆成江，洼者深至丈余，官民庐舍倾塌及人民淹溺，不可数计。内外城倾塌二百余丈，甚至大内紫金（禁）城亦坍坏四十余丈。……雨霁三日，正阳、宣武二门内，犹然奔涛汹涌，舆马不得前，城埋不可渡。"

明天启六年（1626）的水灾也非常严重。这一年六月，"卢沟水发，从京西入御河，穿城，经通惠河至通州。闰六月，大雨，西山洪水骤发，城中水深六尺，新旧屋宇倾倒不计其数。卢沟桥人家被水冲去。良乡城俱倾，势若江河，尸横遍野"。

清代的268年间，北京地区的水患愈演愈烈，有129个年份发生不同程度的水灾。其中发生严重灾情的年份在清康熙七年（1668）、乾隆二年（1737）、嘉庆六年（1801）、光绪十六年（1890）和光绪十九年（1893）。

康熙七年（1668）六月初八日，都城暴雨，崩垣圮屋，城河沟渠满溢，不能下泄蓄滞，水淹正阳、崇文、宣武、齐化诸门。午门浸崩一角。《客舍偶闻》载："五城以水灾压死人数上闻。北偶已民亡一百四十余人。宣武门水深五尺，冒出桥上，雷鸣峡泻。有卖蔬人，乱流过门下，人、担俱漂没。有乘驼行门下，驼足不胜湍激，随流入御河。人浮水抱树得免，驼死水中。"

尤其是嘉庆六年、光绪十六年的水灾，成为百年不遇的特大水灾。

清嘉庆六年的洪灾，为500年一遇，堪称"世纪洪水"。受海河特大洪水影响，永定河与拒马河等西山诸水同时并涨，汇注的山洪奔腾而下，漫过两岸石堤，决口数百余丈。洪水漫延速度极快，京畿几成泽国。百姓们荡析离居，飘流昏垫。

清宫档案描述了当时的情景："屋宇倾圮者不可数计、人多避树上巢居。"紫禁城内"宫门左进水深至五六尺，……军机直房内进水已将盈尺，不能驻足，各衙门奏事均须徒涉进内，水深过膝"。

官员们每天向皇帝报告情况："六月初三日，水势陡发，卢沟桥北六里许，自东岸冲开约宽二十余丈，由拱极城西北奔赴东南；六月初四，大红门外石桥栏杆被河水冲倒，南顶庙被淹；六月初七，永定河水深一丈八九尺，卢沟桥洞宣泄不及，水漫两岸，桥上栏杆、狮子被冲毁。"更可怕的是，洪水未退，一场特大暴雨又滂沱而来，整整下了五昼夜。民房多数坍塌，无家可归的人们只能栖身山坡树丛，等待转机。在永定河尾闾，洪水与大清河、子牙河汇聚后进入海河，造成天津全城被淹，水深及二十级城砖，溃水数月不退。直到七月中下旬，河水才逐渐回落，灾民多达两万。

光绪十六年的水灾史称"百年之奇灾"。因为这场大雨竟罕见地一连下了四十多天，造成京畿上下数百里一片汪洋，四十余州县灾深民困。《天咫偶闻》记载受灾情况时说："无室不漏，无墙不倾，东舍西邻，全无界限。而街巷至结筏往来。最奇，室无分新旧，无分坚窳，无弗上漏旁穿，人皆张伞为卧处。市中苇席油纸，为之顿绝。东南城贡院左近，人居水中。市中白物腾贵，且不易致，蔬菜尤艰。诚奇灾也。"

"民国"时期，永定河也多次发生洪水，其中1917年、1924年、1939年均发生严重水灾，特别是1939年的水灾导致天津市被浸泡一个半月，城市交通和工商业严重瘫痪，65万天津及其周边居民成为灾民。河北全境以及北京西南部逾万村庄被淹，死伤万人。

今天看来，造成永定河水患是有多种因素的，除了泥沙含量大，在下游长年堆积，抬高河床，永定河流域汛期雨水过于集中，以及这条河不能独流入海等客观因素外，社会因素也是十分明显的。

几千年来，王朝的变换，频仍的战争，尤其是在王城宫殿上新建、焚毁再重建的恶性循环，城市建设、皇家园林、庙宇楼阁营建上的大量消耗，使永定河流域的森林被过度砍伐，植被遭到严重破坏，到明代永乐年间再建北京城时，北京周边几无大木可伐，这种破坏的范围甚至波及太行山另一侧的山西一带。

明《皇明经世文编》中记载了一位大臣奏请降旨发文，立法禁止采木的事情。奏文中痛斥任意割伐的现象："自成化年来，在京风俗奢侈。官民之家，争起第宅，木植价贵。所以大同、宣府规利之徒、官员之家，专贩伐木，往往雇觅彼处军民，纠众入山，将应禁树木任意割伐。中间镇守、分守等官，或微福而起盖淫祠，或贴后而修私宅，或修盖不急衙门，或馈送亲戚势要。动辄私役官军，入山砍木……然后运贩京城，一年之间，岂止百十余万且大木一株必数十年方可长成，今以数十年生成之木，供官私砍之用，即今伐之十去其六七，再待数十年，山林必为之一空矣。"是啊！这种竭泽而渔，疯狂采掠，导致的必然是贫山黄土，当突发性大洪水来临时，滥砍滥伐的恶果就会立刻显现出来。

同时，我们从永定河治水历史来分析，虽然历朝历代君主对永定河治理高度重视，当作国之要务常抓不懈，河工难言疏驰，但终是由于国力、财力、物力有限和时代的局限性，导致永定河水患虽有敛收，但却不能彻底驯服，人们只能拈香祈晴，望河兴叹。

那时，永定河还是一条"无定河"，其实也是一条"无奈河"。

湍波有归

05

天流地脉，周而不息。

永定河的泛滥史同时

也是一部坎坷曲折波

澜壮阔的治河史。

河利，丰衣足食；河殇，民生多艰。从辽金到明清，永定河这条关系皇城安危的河流无时无刻不牵动着统治者的神经。800 多年的汪洋恣肆，冲田毁园，这条河的泛滥史同时也是一部坎坷曲折、波澜壮阔的治河史。在为政者的全力支持下，历代治河能臣、官兵百姓锲而不舍，他们将"永定安澜"作为不懈奋斗的人生梦想和终极目标，前赴后继、薪火接力。

永定河最早的堤防建设，出现在北京地区一处具有重大历史影响的水利工程——戾陵堰和车箱渠。戾陵堰是一项综合性的水利工程，修建石笼坝，因势利导拦截水流，枯水季节既可以蓄水提高水位，用于农业灌溉。洪水季节又能顺利行洪。

而在永定河治河史上，筑堤束水成为最主要的方式和手段。其干流两岸堤防建设兴起于辽金，之后元明清历代君王对堤防工程都高度重视，整修加固，极少颓废，至今依然留有印迹。

为抵御水患，北宋霸州知州杨应洵曾于霸州疏浚河道，构筑堤防。金大定十二年（1172），在石景山北开金口河，从麻峪引水通中都漕运，金口附近开始形成石砌堤坝。金明昌三年（1192）随着"广利"桥（今卢沟桥）的修建，因护桥需要，其东岸也形成部分石堤。

元代为修建和保护大都，对永定河堤防更加重视，长年动用军队和民工修筑。元世祖至元六年十二月"戊子筑东安浑河堤"；九年十月，"乙未筑浑河堤"；成宗大德六年春正月，"乙卯，筑浑河堤，长八十里"；英宗至治二年六月，"丙子，修浑河堤"；泰定元年夏四月，"发兵民筑浑河堤"。上至金口下至武清，曾筑堤防 174 千米。

由于治水事关王朝的命运、苍生的福祉，在明代亦有弘治筑堤、嘉靖抢险、神宗巡河的典故，其堤防工程规模较元代更为扩大。我们从大学士杨荣在

正统三年（1438）的《固安堤记》一文可知，自永乐时期开始，永定河就"屡常修筑、辄复倾圮"。明初设有都水司，隶属工部，并将各级水利官员职责明晰。工部还曾设有都水清吏司，专司京师的河道、沟渠、闸坝、堤防、水利管理工作。

进入清朝后，永定河水愈加泛滥恣肆，危及皇城，清帝不得不殚精竭虑，把永定河治理列为一项重大国事，常年督办。特别是在康、雍、乾时期，清政府在永定河治理上倾注了大量人力、物力、财力，有六次大规模改道、筑堤。

康熙王朝作为政治清明、经济发展，国库相对充裕的盛世王朝，集中解决了永定河河道长期失修的问题。在今天看来，这次全面治理仍然具有划时代的意义。

清朝以前，永定河石景山至卢沟桥南，金、元、明相继建有高大的土石堤防工程。至于下游，则向无修防，任其散漫，故宛平、良乡、涿州、新城、雄县、霸州、固安、永清、东安等州县，数被其患。面对泛滥无常且总是改道的永定河，康熙帝把"三藩、漕运、治河"作为皇朝的三件大事，下定决心根治永定河。他亲自参与河道规划设计，并任命于成龙全面负责治理工作。这一工程在加固石卢段旧堤的同时，对卢沟桥以下河段进行大规模治理，疏筑兼施，既筑河堤，又浚河床，这一工程共疏浚良乡至永清河道约73千米，筑南北堤90余千米。康熙帝亲赐河名"永定河"。

"两条长堤锁浑河"。经过康熙三十七年至四十二年（1698-1703）连续五年的建设，永定河南北两岸防洪工程体系基本形成，结束了汛期漫流、多支并行的河道形态，实现了筑堤束河的既定目标。

从此浑流"无迁徙者垂四十年"。康熙年间大规模筑堤及以后不断的加固维修，有效降低了永定河洪水对京城的威胁，直至嘉庆六年（1801）近一百年间，尽管这条河流又多次泛滥，但都不曾冲击到京城。

然而，筑堤工程虽然能够束水安流，但随着时间的推移，河道泥沙淤积等致灾因子也在慢慢积累，一个个严峻的问题又开始显现了。

乾隆帝即位后，河水决溢日趋严重。他多次行走河堤，实地勘察，总结永定河决溢原因，提出了"疏中泓，挑下口，以畅其势。坚筑两岸堤防，以防其冲突。深浚减河，以分其盛势"的治理方针。清朝对永定河的六次大规模改道筑堤中，后三次均发生在乾隆年间。

乾隆帝重视治水，贯穿了他的整个执政过程。"四十四年（1779），展筑新北堤，加培旧越堤，废去濒河旧堤，使河身展宽；四十五年（1780），卢沟桥西岸漫溢，北头工冲决，由良乡之前官营散溢求贤村减河归黄花店，爰开引沟八百丈，引溜归河；五十九年（1794），决北二工堤，溜注求贤村引河，至永定河下游入海。旋即断流，又漫南头工堤，水由老君堂、庄马头入大清河，凡筑南堤百余丈。又于玉皇庙前筑挑水坝。"

由此可见，这一时期永定河治理的基本做法是：挑挖下口，使河水去路通畅；自下而上，清淤挖沙，疏浚河道；再自上游起，两岸建闸坝，开"支河"泄洪分流，缓减水势；同时修缮、筑固两岸堤防，以防决漫。这些措施成为永定河治理的重要手段，但其远未能彻底去除顽疾，以致到了民国时期水灾依然不断。

比如1924年的水灾，"甲子入夏，连月苦雨，上源骤涨，抢护无效，先后决口，四处堤外数百里尽成泽国，人畜漂荡，田庐淹没"。永定河在北天堂村南黄土坡段四处决口，溃决340米。时任陆军检阅使的冯玉祥将军奉命抢险，派出2000名官兵，用麻袋八万多，扎柳捆、抢筑决口，才扼住洪峰，修建起著名的"冯公堤"。

今天看来，历史上造成永定河水患的原因是多方面的，但其中有三大根本原因，也是三大"顽疾"。一是这条河流从上游黄土高原奔流千里，含沙量太大。

141

二是尾闾入淀。这条河没有直接的入海通道，导致泥沙陈积，淤淀淤河，以至下口淤塞。三是这条河流自入官厅山峡后，水借谷势，一路奔腾，自三家店出山后如野马脱缰，排山倒海，下无排泄之口，中无容纳之河，造成水患也就成为必然。

首先说泥沙问题。水利专家认为，治河先要治沙，治沙要以清源为本，附以疏浚。治沙当全流域兼顾。而清代治沙，只是停留在石景山以下河道疏浚上。同时，要实现清源目标，就必须重视沿河环境的改善，根治水土流失。但由于时代的局限性，当时也不可能形成环境建设，涵养水土等思想观念。

其次，就是永定河尾闾不畅、导致淤塞问题。其实这一问题乾隆帝也有所觉悟。他已经意识到，"永定一河，号称难治，水性浑浊，挟沙而行，与黄河相等。但黄河不烦转输，直达于海。此则入淀穿运，然后达于海。是以，较黄河尤为难治"。历史上，在开通永定河入海通道，使其直接达海问题上，清帝也曾多次烧脑，但只是在下游诸淀间屡挑下口，未革永定河入淀之弊。至于给永定河开挖独自的入海通道，在当时恐怕是个超乎想象的课题吧。

其三就是"泻河"之虞。解决这一问题的有效途径就是在上游拦蓄筑坝，先行遏制洪峰，实现上、下游兼治。其实清朝一些治水能臣也想到了这种治水方式，但终是因为技术手段、施工难度等各种原因未能如愿。比如乾隆六年（1741）直隶总督高斌建议在永定河上游筑水坝，以减轻下游水患。另外大学士高晋、清臣邹振岳、名臣左宗棠也曾提出过上下游兼治的建议。

永定河，一条让人爱恨交织、望而生畏的河流；一条牵动朝堂神经、民生苦乐的河流；一条历朝历代不得不总结经验、前赴后继、接力治理的河流。

历代永定河治理策略上虽多有缺憾，但足以给今人以启示。中华人民共和国成立后，总结历史经验教训，从治沙入手，在根治水患上取得了重大突破。特别是1954年，永定河蓄水工程——官厅水库建成后，基本控制了上游的洪水。1970 年又在下游开挖了永定新河，这条河流终于有了自己的出海口。

天流地脉，周而不息。让永定河"湍波有归"曾经是多少代人的期盼和梦想，这个梦想终于变成了现实。放荡不羁、桀骜不驯的永定河被彻底驯服了。

古道斜阳 06

京西商道因煤而兴，

京西军道因战而修，

京西香道因庙而辟。

古渡，连接此岸和彼岸，陆地与水域，也连接着历史和未来。三家店、麻峪、庞村、王平……历史上永定河大西山一线有着大大小小数十个渡口。

京西古道，如血脉般交错穿插于山前山间，与这些古渡口有着唇齿相依的联系。古渡口将西山主干道同这些星罗棋布的古道分支紧密相连，一些古渡口所在的村落也自然成为古道的起点。譬如三家店渡口因地利之便，成为京西古道上的锁钥，既是京西通往京城的咽喉要地，又是西山古道的起点，同时它还是妙峰山进香南道的起点；麻峪渡口西濒永定河，成为玉河古道、麻潭古道的起点；庞村渡口是庞潭古道的起点；卢沟古渡则是芦潭古道的起点。也可以说，京西古道是西山古渡口的延续和拓展。

遍布于大西山里的古道究竟有多少条？这个问题似乎很难说得清楚。正如京西古道文化学者何建忠所言："京西古道通常不用'条'来表述，它是纵横交错、呈网带状分布的道路体系，其长度是难以精准测量的。"

京西古道的开辟，最早可追溯到远古先民迁徙时踏辟出来的山间道路和永定河廊道，也包括了历朝历代出于军事设置、商贸流通、宗教信仰等需要形成的军道、商道和香道。

京西古道以"西山大路"为主干线，连接着纵横南北的各条支线道路。古道大致可分为南中北三条：南道卢沟桥、庞村至潭柘寺、戒台寺；中道圈门、门头沟、峰口庵至王平口；北道模式口、三家店、琉璃渠至王平口。三条古道会合于王平，然后再向西北扩展延伸到河北、山西、内蒙古。

在中华文明几千年的发展史中，由无数先民踏踩开辟的古道通达南北，纵横东西，架起政治、经济、文化交流的桥梁，甚至在今天它依然散发着独特的魅力，吸引着人们去流连和体验。

西汉时，张骞沿着"丝绸之路"跋涉探索，远赴西域，成为这条古道的受

益者和重要开拓者；地处西南的茶马古道以茶为媒，促进了亚洲各民族间的融合交流；文成公主由唐蕃古道入藏，开创了唐蕃交好的一片新天。

秦岭古道有八条古道通川陕。"一骑红尘妃子笑，无人知是荔枝来"，子午道见证了驿官快马加鞭给杨玉环送新鲜荔枝的风尘仆仆；陈仓道则述说着李隆基马嵬坡赐死玉环后，独自一人逃到成都的栖栖惶惶；李白沿着太白古道，登上天姥山，写下了流传千古的《梦游天姥吟留别》，"天姥连天向天横，势拔五岳掩赤城。天台四万八千丈，对此欲倒东南倾"。当然知名的古道还有地处兵家必争之地的南粤梅关古道、建在高原上的甲桑古道、麝香古道，具有战略意义的太行八径，造就了近代中国第一商帮古道的徽杭古道等。

而京西古道由于地处京都，路道密织且集军道、香道、商道于一身，自然成为这些古道中的翘楚。

京西商道因煤而兴。"京西群山，遍藏乌金。"乌金就是煤炭。从元代起，京城的人家开始普遍以煤炭作为燃料。元《析津志》载：（元大都）"城中内外经济之人，每年九月间买牛装车，往西山窑头载取煤炭，往来于此。"到了明清，北京城对西山煤的依赖更加突出。康熙皇帝明言："京师炊爨均赖西山之煤。"当时，京西山区的煤炭，都是由人背畜驮，沿着古道下山，再运到几十千米外的北京城。除了煤炭，京西山区的石材、木材及干鲜果品、土特产品等，也是经京西古商道运往京城。而城里的布匹、食盐及日用品，又通过商道运输进入寻常百姓家。

京西军道因战而修。京西群山绵延，是北京城的天然屏障，军事作用十分突出。横岭、镇边城、房良口、向阳口、沿河城、天津关等都曾是军防重地。历代西山中的防守驻军，筑长城、守敌楼，或者运送给养物资、巡逻、屯田等，都会修整出一些山道，把这些关城紧密连接起来，这样就极大地促进了古军道的形成。这些军道多分布于斋堂镇和清水镇，如今不少古道周边还保存着关城、敌台等军事遗迹。地处京冀交界的黄草梁一线古道保存更为完好，至今仍存有明代守口千户李宫修路刻石。

京西香道因庙而辟。西山多娇，庙宇广布，历史上尤以潭柘寺、戒台寺、妙峰山娘娘庙最为知名，来自四面八方如云香客齐聚，筑道修路以利通达成为必然。

芦潭古道、庞潭古道是连接潭柘寺的重要香道。芦潭古道起于卢沟桥，过长辛店、东王佐、沙窝村、大灰厂，穿过石佛村，到达戒台寺。翻过罗睺岭，走南村、鲁家滩、南辛房、平原村，到达潭柘寺；庞潭古道从石景山区的庞村，过永定河后，经卧龙岗、栗园庄、石门营、岢罗坨、越罗睺岭，与芦潭古道会合，到潭柘寺。芦潭古道由于路况较好，还成为康熙、乾隆等历代皇帝到潭柘寺进香礼佛时所走的"御道"。

当然历史上这香道也好，"御道"也罢，走在这条道路上的可不仅仅是祈佑王朝隆兴的天子、王公、妃子，以及祷祝安乐顺遂的黎民，还有一些外国人。他们不远万里长途跋涉，多是慕名前来寺庙学法弘法的高僧，其中最著名的有日本的无初德始、东印度的底哇答思、西印度的连公大和尚等。

妙峰山上因有娘娘庙（碧霞元君祠）而驰名。从明末至清、"民国"时期，山上的庙会隆重热烈，相当兴盛。据《燕京岁时记》记载："每届四月，自初一日开庙半月，香火极盛。……前可践后者之顶，后可见前者之足。自始迄终，继昼以夜，人无停趾，香无断烟。"由此形成的进山香道也有多条，当然香客常走的主要有四条，分别为南道、中道、北道和中北道。

《妙峰山琐记》记载："四条进香山道，南道山景幽胜，中道、北道亦佳，中北道次之。以道里计，则中道最近，中北道稍远，北道又远，南道最远。"而这其中最著名、最有影响的，则是起点位于北安河的中北道。《燕京岁时记》一书这样写道："进香之路日辟日多。……近日之最称繁盛者，莫如北安合

（河）。人烟辐辏，车马喧闹，夜间灯火之繁，灿若列宿。以各路之人计之，共约有数十万。以金钱计之，亦约有数十万。香火之盛，实可假于天下矣。"

京西古道经北、中、南三路进入西山腹地。王平口因会集了各条古道，可谓咽喉，号称"过山总路"，成为京西古道中最有韵味的一段。

漫步古道，你会联想到古道悠悠，行人来去，驼马浩荡；亦会想到香红满树，风雨残花，商旅风流。似乎一不小心就会跌落历史的光影里。古道是凝固的历史，我们都在用双脚丈量历史，前脚刚踏进虚空，在抽身的刹那，后脚马上成了过往。

王平古道两侧遗迹众多，不胜枚举。马致远故居、关帝庙、三义庙、各种碑志刻石、关城、碉楼散布其中。古道上的牛角岭关城是当时捕衙南乡与王平口巡检司的分水岭，也是重要的收费关隘，被称为西出京西古道的第一隘口。

驻足牛角岭关城，晚霞落照，四野苍茫，大青石铺就的古道历经岁月磨砺坑窝深陷。杳杳古道犹如一只雄鹰从山脚下盘旋而上，在山顶穿越关城城券，又凌空俯飞而去，把翱翔的丽影留与山地。

在牛角岭关城东边的仿古六角碑亭中，矗立着清乾隆四十二年（1777）所立的"永远免夫交界碑"。240多年的风雨侵蚀，碑上文字已模糊难辨。这一交界碑是康乾"盛世滋丁，永不加赋"政策的具体体现。碑文记述了京西乡村"石厚田薄，里人走窑度日。一应夫差，家中每叹糊口之艰。距京遥远，往返不堪征途之苦"。雍正八年（1730），王平口巡检司官员阮公将乡民疾苦逐级呈报，得到皇上恩准，王平、齐家、石港三司夫役全部豁免的经过。

在关城还有一块清同治十一年（1872）所立的"重修西山大路碑"。碑文记载的是同治十年，暴雨成灾，冲毁道路，民间举善修复道路的概况。

京西古道北、中、南三路中的"玉河古道"又称西山大道中道，它东起今石景山区麻峪村，跨浑河（永定河）后进入大峪村，经东辛房、圈门、孙桥、天桥浮、孟家胡同、官厅、峰口庵、黄石港，到王平口止，全长约27.5千米。这条道路因在峰口庵关城有着令人震撼的"蹄窝奇观"而备受瞩目。

玉河古道最晚在唐代末年已经存在。唐哀宗天佑三年（906），割据一方的军阀刘仁恭设置玉河县，其辖区包括了今门头沟区大部。因这条大道是贯穿玉河县中心的一条交通主干线，故称"玉河大道"。

峰口庵也叫峰口鞍或风口岩，属于玉河古道的一部分，这里是沟通京西门头沟、北岭、斋堂及房山地区的枢纽，在古时就是京西物流的主要通衢。从峰口庵西行约200米，在一处山脚拐弯处，一片壮观的"蹄窝"阵便会赫然呈现。这段路长约20米，宽1.5至2米，路面上散布着上百个清晰的蹄窝。蹄窝直径近20厘米，深的有15厘米，浅的也有10厘米，左右交替，大致分为两行，这里也是京西古道上蹄窝最为密集的地方。究其形成缘由，大约是因为牲畜长年踩踏所致。立于咸丰六年（1856）的王平口修城碑，记载这段古道："牲畜驮运煤炭昼夜不断。"这是因为京西产煤的窑地因排水条件的限制，煤窑大多分布在峰口庵以西的山区，这就使得京西这条中路古道几乎是全天候在运行。千百年来，作为必经之地的峰口庵经过驮煤牲畜铁蹄的踩踏，才形成了如此壮丽的景观。

踏石留印，水滴石穿，彰显的是岁月功夫。浮光掠影间，不知那"烟火色""衣正单"的驮工是否也生出过"心忧炭贱愿天寒"的矛盾与纠结？

商道、军道、香道，西山古道被赋予如此多的性质和功能，行商坐贾、佛门信徒、边关将士、百姓黎民莫不与之神思交集、休戚与共。

漫步古道，平和者体味安然静谧，落寞者感喟荒芜苍凉。得意人纵论青山依旧，大道通天；失意人抒怀天地悠悠，繁华落尽。无数旅者、访者把各种情怀与心境挥洒在这辚辚古道上，时光任斜阳镀上金黄。

长亭外，古道边，芳草碧连天。

晚风拂柳笛声残，夕阳山外山。

……

西山堆绣 07

「北京的灵性，全在西山那一抹晚霞。」

浩浩汤汤，一路奔腾，从黄土高原北部劈山穿谷而来，汇入北京小平原，这就是永定河。

"永定河出西山，碧水环绕北京湾。"西山，是北京西部山地的总称，乃"神京右臂"，属太行山脉最北段。其地理范围北起北京市昌平区南口关沟，南抵房山区拒马河谷地，西至市界，东临北京小平原，约占北京市总面积的五分之一。

河流因山川而飘逸，山川因河流而清峻。千百年来，3000平方千米的西山带群在永定河水的滋养下、腾蛟起蟒、山川布列，林海苍茫、嘉木参天。园林叠翠、名刹紫烟，古道芳草、村社俨然。山赋北京以灵气，亦是城之风骨，正如徐志摩所言："北京的灵性，全在西山那一抹晚霞。"

巍巍西山，众多的遗址见证着它的古老深邃。早在史前时代，西山地区就是人类文明的发源地之一。通过周口店遗址出土文物可以证明，北京猿人在大约距今70万-20万年前就居住在这里。继北京人之后，又有新洞人、田园洞人、山顶洞人，以至后来的东胡林人等。

西山地带环山聚水的自然格局为人类的繁衍进化提供了优越的环境。在房山区琉璃河镇，面积5.25平方千米的西周燕都遗址，是迄今西周考古中发现的唯一一处城址、宫殿区和诸侯墓地同时并存的遗址。这里出土的"克罍""克盉"两器的铭文以及"成周"铭文的戈和"燕侯舞""燕侯舞易"铭文的铜泡，证明了这里就是3000多年前燕国都城的所在地。

悠悠西山，重峦叠嶂，若为峰岭列序，灵山以海拔2303米位列北京首峰，登上山之巅可观云赏日、闻花香听松涛，出得尘网，复返自然；妙峰山虽无灵山之高，却也是西山主峰之一，该山以"古刹""奇松""怪石""异卉"而闻名，特别是在每年四月份，这里都要举行华北地区规模最大的传统朝圣庙会；"百花山上百花开",与灵山隔谷相望的是百花山,有着"天然植物园"的美誉。山上奇花异草竞相绽放,走兽稀禽绕山飞峦。当然西山名峰中,还有"太行前哨第一峰"之称的百望山,冯玉祥将军曾两度隐居的天台山等。

有山必有寺。寺因山而殊胜,山因寺而厚重。康熙帝曾云:"西山地接神京,岭岫绵亘,林壑深美,多精蓝古刹。"的确,西山深处古刹林立,大觉寺、卧佛寺、潭柘寺、戒台寺、云居寺等佛教寺庙名冠京城,成为北方寺庙及佛家文化的典型代表。

潭柘寺位于西郊门头沟区,庙宇坐北朝南,背倚宝珠峰,周围有九座高大的山峰呈马蹄状环护。"先有潭柘寺,后有北京城"的传说,为始建于西晋永嘉元年的潭柘寺笼罩上了一层神秘色彩。深厚的古蕴使这里香火鼎盛,历史上明清帝王多次登临礼佛游幸,足见庙之恢宏卓越。

戒台寺与潭柘寺毗邻,因寺内建有全国最大的佛教戒坛而闻名。戒坛建于辽代咸雍五年,与福建泉州开元寺、浙江杭州昭庆寺的戒坛共称为"全国三大戒坛"。而戒台寺的戒坛规模又居三座戒坛之首,故有"天下第一坛"之称。殿堂随山势高低而建,错落有致。整座寺院既有北方寺庙巍峨宏大的气势,又有江南园林清幽秀雅的别韵。

云居寺居房山一隅,以唐塔和石经闻名天下。寺内保存的《龙藏》木经,是清代由皇室下令刊刻出版的一部佛教典籍丛书,也是中国现存唯一一部木刻汉文大藏经。

以水为脉,以山为魂。辽、金、元、明、清时期,西山的山水资源备受帝王们青睐,历朝离宫别苑在此交替兴建,使园林艺术逐步发展至巅峰,形成了代表着中国皇家园林建设最高水平的"三山五园"。"三山"中香山、万寿山、玉泉山苍石碧瓦,重冈叠翠;"五园"里清漪园、静宜园、静明园、畅春园、圆明园清韵流淌,景胜江南。

　　如果说"三山五园"是旧日宫墙的延续,那么以八大处公园为代表的佛教寺庙园林则是百姓的乐土。八大处公园为西山余脉翠微山、平坡山、卢师山所环抱,三山形似座椅,八座大庙星罗棋布在三山之中,各自雄踞一隅,自成体系。皇家园林尽显王者气派,而点缀于山坳峡谷间的村落,则状如玉珠,散发着自然质朴的精神之香。沿河城临河而建,明清属要塞军城,沧桑古朴,静卧崇山峻岭;三家店扼守永定河出山口,千年商业重镇洗尽繁华不落寞;爨底下峡谷安居藏风聚气,古民居风华卓然;红村马栏抗战印迹深厚,革命底色耀映斋堂川;千军台古幡猎猎、碣石村百井流泉、长辛店上遍布的红色遗址将这条老街浸染;灵水举人村形似灵龟,人杰地灵广出俊才;旧日皇家工坊琉璃渠再把琉璃工艺传承发展。

　　大西山是水墨画,也是文人雅士的伊甸园。"莫弹食客铗,莫叩富儿门,残羹冷炙有德色,不如著书黄叶村。"260多年前,西山脚下的黄叶村接纳了曹雪芹,这里的清幽雅致让曹雪芹心静如水,如此佳境虽然解决不了他"举家食粥酒常赊"的困窘,却能激发他创作的灵感。来看望他的朋友张宜泉在《题芹溪居士》一诗中说:"爱将笔墨逞风流,庐结西郊别样幽。门外山川供绘画,堂前花鸟入吟讴。"由此足见西山之美。曹雪芹在这样的环境中八载呕心百万字,终成红楼大观。

　　"我是人间惆怅客,知君何事泪纵横,断肠声里忆平生。"淡泊名利却又不得不背负纳兰家族的责任和使命。什刹海畔纳兰性德故居,萦绕着这位诗文奇才的悲情。对家庭,对妻子卢氏他爱得深沉,卢氏在生产受寒病故后,他把思念寄托与诗文:

谁念西风独自凉，

萧萧黄叶闭疏窗，

沉思往事立残阳。

被酒莫惊春睡重，

赌书消得泼茶香，

当时只道是寻常。

对皇帝他忠心耿耿，亦君亦友，相伴左右。

公元 1682 年，他随康熙赴辽东巡视，塞上风雪凄迷，苦寒的天气引发了他对家人的思念，遂写下了流传千古的诗文《长相思》：

山一程，水一程，身向榆关那畔行，夜深千帐灯。

风一更，雪一更，聒碎乡心梦不成，故园无此声。

我想词中的故园定是他魂牵梦绕的西山吧。

钟灵毓秀，风云际会。近代，西山同样吸引了众多文人的目光。他们中有老舍、林语堂、胡适、郁达夫、刘半农，还有法国著名诗人圣琼·佩斯，他们内心都有着浓厚炽热的西山情结。

郁达夫在《北平的四季》中说："秋高气爽，风日晴和的早晨，你且骑着一匹驴子，上西山八大处或玉泉山碧云寺去走走看，山上的红柿，远处的烟树人家，郊野里的芦苇黍稷，以及在驴背上驮着生果进城来卖的农户佃家包管你看一个月也不会看厌。"

1923 年 12 月中旬，胡适返京借宿西山八大处证果寺秘魔崖下，因思念身

在南方的表妹曹诚英，遂写下了著名的现代诗《秘魔崖月夜》，"……翠微山上的一阵松涛，惊破了空山的寂静。山风吹乱的窗纸上的松痕，吹不散我心头的人影"。

法国著名诗人圣琼·佩斯，曾于1916年至1921年在京任职于法国驻华使馆。他利用休假，在西山桃源寺里开始了《远征》的创作。大西山有他取之不尽的创作素材，妙峰山上的庙会、山下管家岭村的巴旦杏、涧沟村的玫瑰酱都被他写进长诗里。《远征》第一章开头便写道："没有巴旦杏的土地，被交付给我们的马匹。"对妙峰山的庙会他写道："翌日，那喜度落成的吉朝，满城喧闹……"

《远征》(Anabase) 一举获得1960年诺贝尔文学奖。正是大西山的物华天宝让圣琼·佩斯的诗歌具有了振翼凌空的气势和丰富多彩的想象。

写到这里，不知这西山的逶迤堆绣和画意诗情是否已让您心向往之？

古人云"弱水三千，只取一瓢饮"，不过西山从不会生出让您爱到专情的严苛。您只须且行且止，欣赏一番就是了，至于时间长短、停走留去大可随意，因为这并不关乎禅意，也非爱情。

红旗漫卷

08

这是一片革命的土地、神圣的土地，更是一片曾经承载着希望与新生的土地。

工运大潮风起云涌，革命运动此起彼伏。马栏子弟从军报国，抗战岁月烽火连天。情报站里电波急促，双清别墅内，中华人民共和国的缔造者们正夜以继日，大笔如椽。大西山，是一片革命的土地、神圣的土地，更是一片曾经承载着希望与新生的土地。

1918 年的一个冬夜，长辛店德善里 18 号一座法国建筑风格的两层红色砖楼里，身穿灰布大棉袄的毛泽东同留法勤工俭学预备班的学员们正在亲切交谈。1918 年 8 月，正在湖南长沙从事新民学会工作的毛泽东，带领罗学瓒、李维汉、罗章龙等 20 多名青年来到这里，开始勤工俭学。这一次他不仅是来看望大家，还把新鲜的革命思想尽量多地讲授给大家。这些预备班的学员，每天上午进车间工作，下午学习法文。他们全身心地融入工人队伍，融入学习生产，在近代工业的劳动锻炼和工人阶级思想的熏陶中迅速成长。

在留法勤工俭学运动中，北京、上海、天津、重庆、河北、山东等地共设立了 17 处留法预备学校（班）。1919 年 3 月至 1920 年 12 月期间，包括长辛店在内，全国各地共有 1700 多名优秀青年带着探寻救国真理的梦想踏访法兰西大地，在那里学习和工作。位于长辛店的这座红楼是保存较好的三所留法勤工俭学遗址之一，也成为毛泽东开展革命实践活动较早的场所。

在今天长辛店长街东侧祠堂口的小巷里，一座坐南朝北、青砖灰瓦的小三合院同样引人注目。这里便是中国近代史上第一所工人文化学校——长辛店劳动补习学校旧址。用于学习的黑板、整齐的桌椅，教室里还保留着当年工人们上课时的原样。1921 年 1 月，这所学校由中国共产党人邓中夏、张太雷等筹办。开办初期，邓中夏等轮流担任教员，李大钊也到学校讲课。他们用煤灯照亮，伙食简单，还用省下的生活费买来茶叶、糖果，招待上课的工人，彼此成为了兄弟。

李大钊曾两次来这所学校讲课，他讲课风趣幽默，经常和工友互动。一次有工人问他："您给我们讲讲工人怎么当家做主？"李大钊挽起袖子，郑重地在黑板上写下了两个字——工人。他慢条斯理地问大家："这两个字合起来念什么？"教室里安静起来，突然一位工人回答："老师，我认识，念天！"李大钊高兴地说："对，天就是你们，工人的力量比天大！"工人们听了无比振奋，不约而同地鼓起掌来。

在中国共产党人的引领下，接受了革命思想，汲取知识营养的长辛店工人积极向党靠拢。1921年7月前后，经邓中夏等人介绍，长辛店工人中的优秀分子史文彬、杨宝昆、康景星、王俊等人先后加入中国共产党，成为我党最早的工人党员。他们也成为1923年长辛店"二七"大罢工的中坚力量。

长辛店"二七"大罢工是京汉铁路工人大罢工的重要组成部分。1923年2月1日，京汉铁路各站工会代表在郑州召开总工会成立大会。反动军阀吴佩孚不但阻挠会议召开，还驱逐代表，查抄文件。代表们义愤填膺，京汉铁路总工会决定自2月4日起实行全路总罢工，随后各站2万多名工人一致行动，全线所有客货车一律停开，长达1200多公里的京汉线立即陷入瘫痪。

2月7日，曹锟、吴佩孚等派出大批军警展开血腥镇压，造成了震惊中外的二七惨案。2月6日夜，在长辛店，军阀当局展开大搜捕，捕走罢工工人负责人史文彬、吴汝铭、陈励茂等11人。2月7日凌晨，2000多名工人为了营救被捕的工友，在纠察队副队长葛树贵等的带领下，来到警察局所在地——火神庙示威声援。随后手无寸铁的工人们遭到反动军警的野蛮冲杀，葛树贵等5人被打死，其他工人重伤28人，被捕32人，烈士的鲜血染红了长辛店大街。

在"长夜难明赤县天"的旧中国，长辛店如同一颗闪亮的红星，辉耀在中国北方，成为中国北方工人运动的重要摇篮。毛泽东曾指出："中国工人运动还是从长辛店铁路工厂开始的。"

"卢沟桥！卢沟桥！男儿坟墓在此桥！最后关头已临到，牺牲到底不屈挠……"雄踞永定河畔，距长辛店仅4公里的卢沟桥同样震古烁今，成为中华民族抵抗外侮，血战到底的精神脊梁！

1937年7月7日，日本侵略者在卢沟桥制造事端，悍然发动全面侵华战争。宛平危机，华北危机，中华危亡！此刻每一名有血性的中国人都加入救亡图存的行列。卢沟桥畔炮火连天，宛平城满目疮痍，弹痕累累。奋起还击的中国守军英勇抵抗，日军在同一天内，连续进攻宛平城三次而不破！

"挺进！挺进！在卢沟桥畔，在永定河边，在敌人的远后方，在祖国的最前线！巩固平西抗日根据地，配合东北义军的胜利，坚持冀东游击战争，创造冀热察新的根据地……"平西抗日、平北抗日，在这块浸满烈士鲜血的土地上，身先士卒的共产党人前赴后继投入这场伟大的民族战争中。

1938年11月，党中央决定组建冀热察挺进军。1939年2月萧克部进军京西斋堂川，在这里挺进军先后粉碎了日军多次围攻扫荡，为巩固平西抗日根据地做出了巨大贡献。

马栏村，位于门头沟区斋堂镇，人口不过千人。冀热察挺进军司令部设在这里后，马栏人积极支前、奋勇杀敌，配合挺进军进行游击战、破袭战、地雷战、伏击歼灭战。红色成为每一位马栏人的生命底色，保家卫国也成为他们的自觉行动。1942年6月26日，面对日军就要砍向父老乡亲的屠刀，县大队队长张崇德的父亲、63岁的张兰珠老人挺身而出。他厉声呵斥："我是八路军家属，放了乡亲们！"敌酋质问，"还有谁是八路军家属、干部家属？"张兰珠坚定地回答："不知道！"气急败坏的鬼子举起东洋刀向张兰珠砍去，老人壮烈牺牲，鲜血染红了马栏村的戏台。张兰珠被杀后，敌人再次把刺刀对准乡亲们，千钧一发之际，50多岁的女共产党员宋广福从张兰珠的遗体旁站起，斩钉截铁地说："我是共产党员、干部家属，要杀杀我，与老百姓无关！"英雄故事，凛然正气，惊天地泣鬼神。在他们的影响下，40位铁骨铮铮的马栏子弟告别父母妻儿，毅然决然参军奔向了保家卫国的战场。他们拥有一个响亮的名字——"马栏排"。

有太行为伴，燕山为邻，大西山并不孤单。平西也绝不是中国人自己在抗战，它同样得到了国际社会的同情和国际友人的大力支持。

在今天的海淀区北安河村山坳里有一处"民国"时期中西合璧的私家花园——贝家花园。1913年，法国人贝熙业来到中国，在这里工作生活长达40余年。初到中国，贝熙业的职务是法国驻天津总领事馆医官，同时在北洋海军医学堂教书。不久，他调任法国驻北京公使馆医官，并被聘为总统府的医疗顾问，还担任了圣米歇尔医院（俗称"法国医院"）的院长。后来为给身患肺病的家人提供一处良好的疗养之所，贝熙业租下这里的山场，建起了贝家花园。

贝熙业不仅医德高尚，医术精湛，在抗日战争爆发后，他更成为一位坚定的共产主义战士。他主动要求为红十字会出力，救治中国难民。中国红十字会北平分会1937年7月的一份档案中，记载了他的义举："使团全体医官，由贝熙业大夫代表来函，愿为红十字会服务，当经复函，表示欢迎。"抗战时期，根据地药品奇缺，尤其是西药，而如何把药品从京城送出去更是难题。北平地下党与贝熙业取得联系后，他义无反顾、全力以赴地帮助开辟出一条药品生命线。几年来，一批批药品经贝家花园转交给地下游击队，再翻过门头沟的妙峰山，最终送到了平西抗日根据地和晋察冀边区的战地医院。太平洋战争爆发后，日军加紧了对华北物资的掠夺，石油成为紧俏的战略物资，贝熙业的汽车没法开了，他就开始骑自行车运送药品。半个多世纪后的2014年，贝熙业用自行车运送药品的这段路，被访问法国的习近平主席称赞为自行车"驼峰航线"。正如贝熙业与贝家花园，林迈可和"林迈可小道"也同中国革命联系在了一起。1937年12月，英国人、无线电专家林迈可从温哥华乘船来到中国。

161

在船上，他认识了白求恩，两人相谈甚欢，结为忘年之交。1938年和1939年的夏天，两赴晋察冀根据地参观访问的林迈可见到了聂荣臻，并同老友白求恩彻夜长谈，在白求恩的影响下，林迈可开始投身抗战，冒着生命危险帮助中国。在夫人李效黎的支持下，一批批从香港、上海等地购买的奇缺药品及机油、电信器材、手术器械等物资，通过一条秘密交通线运往根据地。这条交通线从现在的海淀区管家岭出发、经车耳营、凤凰岭至门头沟一线，最后被送往晋察冀革命根据地。这条线路后来被称作"林迈可小道"。二十九军赠给八路军的军用器材，也是由林迈可夫妇冒着生命危险分批送交到八路军手中的。其实在贝熙业、林迈可为中国革命舍生忘死的背后，我党的平西情报站也为这些工作的开展提供了强大的支撑和保障。这个近100人的隐蔽队伍，在1939年6月至1949年1月近10年间，一直战斗在永定河畔、大西山间，为晋察冀根据地的建设、抗战胜利和北平解放做出了重大贡献。

坐落于京西妙峰山下涧沟村的妙峰山情报站，是平西情报站的重要组成部分，由于前突深入敌占区，距离北平最近，也成为重要情报的汇集地和战略通道。如今在它的原址上建起了平西情报交通联络站旧址陈列馆，这个简朴的小四合院里，曾经是那样的剑拔弩张，外松内紧，就是在这样的环境下，一批批情报人员前赴后继，忘我工作。

1943年冬，一个年仅20岁还未结婚的女孩"苏静"被组织委派到涧沟村新建电台，开展工作。为了掩饰身份，她与当地农户家的儿子假扮夫妻，白天与"家人"一起下地干活，晚上她就在山洞里用电台收发情报。这样一干就是6年，她的秘密发报一直从抗战持续到解放战争胜利。

当年平西情报战线上还有一对真夫妻，王文和王凤岐。尽管两人一个是留苏学生，一个是农村武装干部，但为了潜伏工作的需要，他们闪电结婚来到北平城。后来，两人逐步相知相爱，最终由"假夫妻"变成了"真爱人"。

电波闪闪，马达嘀嘀。穿梭郊城，急如星火。清风店战役的胜利最终成为平西情报站建站史上最精彩的手笔。正是他们把十万火急的情报及时准确传递，才使我晋察冀野战军主力抓住战机，立即改变行军路线，将运动中北进的国民党第三军包围并全歼于清风店。此役，歼国民党军1.7万余人，俘第3军军长罗历戎及以下官兵1.1万余人。这是华北地区转入战略进攻以来，首次取得重大胜利。时任晋察冀军区司令员兼政治委员的聂荣臻夸赞平西情报站，"胜似百万雄兵"。

永定河水一往无前，京西大地红旗如画。历史又将翻开新的一页。如果说毛泽东1918年走进长辛店是对中国革命进行初步探索和实践的话，那么时隔31年后的1949年，当他带领中共中央、中央军委进驻双清别墅的那一刻，又成为新的赶考。

双清别墅位于今北京市香山公园内东南部的半山腰，因院内一石壁下淌出两眼泉水而得名。整个院落约7000平方米，一池清水占去六分之一，池北侧一排坐北朝南的三间白色平房就是当年毛泽东工作生活的地方。在这里短短5个月的时间，他运筹帷幄指挥了渡江战役，会见了张澜、李济深、柳亚子、黄炎培等民主人士。他同住在来青轩的朱德、刘少奇、周恩来、任弼时等中央领导同志夙兴夜寐，规划着百废待兴的中国。

1949年4月21日晨，中国人民解放军强渡长江，彻底摧毁了国民党军的长江防线。1949年4月23日，解放了国民党盘踞22年的统治中心——南京。身在双清别墅的毛泽东闻报后欣然赋诗：

钟山风雨起苍黄，百万雄师过大江。

虎踞龙盘今胜昔，天翻地覆慨而慷。

宜将剩勇追穷寇，不可沽名学霸王。

天若有情天亦老，人间正道是沧桑。

此时，烈烈神州，云涛万里，旭日正红！

佳期筑梦 09

这条非凡的河流，用它三百万年的求索奋进，演绎着生生不息的传奇。

"君不见黄河之水天上来，奔流到海不复回。"当永定河流域的人们还懵懂于黄河之水怎么可能入京时，黄河之水却真的来了。2019 年 3 月，黄河与永定河实现了历史性的汇聚"牵手"。水过之处，浪花飞溅，沿线百姓奔走相告，欢欣鼓舞。断流了 30 多年的永定河终于流水潺潺，全线通水也将指日可待。

让我们把历史的画面迅速回放，定格在 20 世纪 80 年代，那时的永定河用奄奄一息来形容并不为过。在上游桑干河段，野草长满了滩涂，裸露的河床任凭风沙剥蚀，偶尔的坑塘也多是雨季的馈赠，人们倘是能在几近枯竭的河道里发现一小股活水，也会激动不已。桑干河成了名副其实的桑"干"河。

在永定河畔，中华人民共和国曾投入巨资修建的水利工程——官厅水库已经风光不再，由20 世纪五六十年代入库20 余亿立方米的丰沛水量，降到2009 年仅有的 0.22 亿立方米。1997 年，由于水质恶化，水库被迫退出了北京饮用水源序列。据统计，近 10 年时间里，永定河主要河段年均干涸 121 天，年均断流 316 天，生态系统退化严重。其中三家店至卢沟桥段基本处于长期断流状态，卢沟桥至屈家店段基本全年干涸。

大西山失了颜色，城市少了灵光，"卢沟晓月""南囿秋风"成了绝唱。永定河曾经的千年滋养没有了，曾经的骇浪惊涛不见了，朔风吹过百里山峡，那是这条河流痛苦的吟啸。

永定河，对于它的几近消失，所有人都在问着为什么？处于焦灼中的水利专家经过冷静分析，给出了这样的答案：永定河常年断流既有自然原因，也有人为因素。从自然气候来讲，这一流域多年干旱少雨，年降水量一直呈递减态势；就人为因素而言，全流域人口数量迅速增长、经济总量上百倍增加，城镇化、工业化的迅速发展，农业、畜牧业用水量的逐年加大，已经大大超过了永定河的承载能力。母亲河早已不堪重负。而人类对河流盲目的开发利用、竭泽而渔式的地下水超采导致的渗漏加剧，曾经出于防洪考虑的拦河造坝，层层截流，也成为导致永定河干涸的原因之一。

轻环境，重发展。我们终是因为不遵循自然规律，又不懂得人与自然，人水和谐的相处之道而付出了沉重代价。在今天想来，一条河流的消失，人们对自然的亵渎，似乎比这场新冠肺炎更为可怕。

亡羊补牢，为时不晚。人类总是在痛苦中反省，在迷茫中觉醒，在不断的自警自励中完善自我。正像对待任何一个生命体一样，他们开始放下姿态，以平等、公正的态度，来善待这条曾经滋养、哺育、造就、繁荣了华夏文明的河流。当科学发展成为主旋律，当我们有能力来反哺这条河流时，困局就成为新的开局。

在这场拯救母亲河行动中，实力财力雄厚的北京市率先发力，这一让永定河"起死回生"的计划投资额度达到了170亿元，平均一千米一亿元，这项听起来近乎"奢侈"的人工河流计划，体现着决策者誓让清水环绕北京湾的决心和勇气。

2010年春天，计划5年分步实施的北京永定河绿色生态走廊建设工程正式启动。上至官厅山峡，下至京原郊野，一个"永定河绿色生态发展带"的战役正式打响。从宛平湖到三家店，20千米长的河床上铺起了膨润土和防渗毯，一条循环管线和三座水泵担负起为永定河的湖泊、湿地输送和调节水源的重任。水流下去，再调上来，如此反复循环注入干涸的河道。

同时，通过清理垃圾场、采砂场，填埋臭水沟，使昔日杂乱破败的河道又开始一天天恢复生机。经过几年的建设，门城湖、莲石湖、晓月湖、宛平湖、园博湖又重新水美堤绿，碧波荡漾。断流三四十年后，"卢沟晓月"的美景在2011年重现于京西的秋水长天。永定河终于走上了"重生"之路。

然而，这些人造景观虽然使极度缺水的北京多了塞外江南的风韵，但如果

要彻底恢复永定河水面，每年至少需要 1.3 亿立方米的水量，这些仅靠再生水和雨水来维持只能是权宜之计。而从上游的山西册田水库、河北友谊水库的调水早在 2003 年已经开始，但这些补水只是杯水车薪，永定河依然焦渴。

失血的永定河稍显红润的脸色不知道哪一天又会苍白？在国家层面的推动下，一个酝酿多年的大胆设想终于启动，从上游补水，引黄入京！其实，常年面临缺水的北京，除了南水北调工程，一直在研究和论证"引黄入京"，打通"首都第二条生命水线"的可行性。"引黄入京"就是将位于晋西北万家寨水库的黄河水注入山西册田水库，再由册田水库流入官厅水库，从而实现向永定河补水的目标。

2019 年 3 月下旬，官厅水库波光粼粼，一望无际。拦河坝下的输水泄洪洞水流湍急，轰然而下，声如雷鸣。黄河与永定河在京郊大地实现了首次历史性牵手。永定河山峡段河道 30 多年来首次实现不断流。通过此次输水，北京境内永定河有水河段达 118 千米，占北京段总长的 70%。官厅水库最高蓄水量达到 5.59 亿立方米，创下了近 20 年来的新高。

大河东入海，京畿起长风。永定河流域，覆盖晋蒙冀京津五省市区，全长 747 千米，涉及人口 1400 万。一个伟大的时代是永定河的幸运。与此同时，永定河综合治理与生态修复行动也在上下游各省市全面启动。为确保一河清水入北京，地处永定河上游的山西朔州、大同等地开始接力清河治污、修复桑干河生态。这次清河行动让桑干河一改往日"河床见底风沙扬"的面貌，重现了"桑干烟雨""桑干晚渡"的历史美景。

为使永定河实现绿色发展，永续长流，在《京津冀协同发展规划纲要》的指引下，这条河流无论治理方式还是体制机制也在发生着历史性的转变。为解决这一流域长期以来以行政区域为单位进行治理，存在发展不协调、标准不统一的问题。2018 年 6 月，一个肩负历史使命，由京津冀晋四省（市）人民政府和战略投资方中国交通建设集团共同出资组建的新公司，永定河流域投资有限公司在北京正式揭牌成立。永定河有了第一个"总管家"。

2018年11月28日，山西省大同市御河段(桑干河支流)整治工程正式开工；2019年9月，山西大同，御河孤山水库——得大高速桥段综合整治工程建设全速推进；河北张家口，洋河综合整治工程第1标段、清水河综合整治工程如火如荼。这些工程的实施，标志着地跨北京、天津、河北、山西四省市，项目涵盖农业节水、河道修复、水污染治理、水源涵养等78项工程，总投资370亿元的永定河流域综合整治进入全面实施阶段。到2025年将基本形成贯穿京津冀晋四省（市）的绿色生态河流廊道。

2020年，又是一个春天，永定河上游调水如期进行，这年春季全流域调水总量达到1.75亿立方米，创历年之最。水头将抵达永定河出北京前的终点——崔指挥营，实现永定河综合治理与生态修复的第一个阶段性目标。

2020年惊蛰前后，洋河水库率先开闸。闸口放开，水浪奔涌。此时，朔州市山阴县绵延16千米的桑干河湿地公园，也浸润在温暖的春阳里。初春的一场时雪时雨的天气后，河风鼓荡起清新的空气，向着洪涛山弥散。临岸的浮冰已经融化，上游的来水在河道里缓缓流动，渐渐形成一条优美蜿蜒的曲线。

在永定河上游桑干河支流御河，曾经的魏都大同，占地400公顷的御河生态园柳条泛黄，春色萌动。以河为脉，一轴双城，融合发展，当冰雪全部消融，这条大同市最美的中轴线将愈发灵秀飘逸。

一条河流哺育生民，一条水脉滋养文化。"上可溯5000年前涿鹿之战，下可循当代丁玲生花妙笔。"在桑干河洋河交汇之地的河北涿鹿，当地政府正手持这些引以为豪的历史文化名片，将桑干之水作为城市之脉，把桑干河国家湿地公园建设作为创城之基，涿鹿县境内42千米长的桑干河又将掀起新一轮的绿廊建设热潮。

候鸟，是春天的信使。此刻与涿鹿毗邻的官厅湖区已成为候鸟翔集的殿堂。2020 年 2 月 10 日，以灰鹤为先遣部队的冬候鸟抵京，和留守的灰鹤合群。几天后，天鹅、赤麻鸭也翱翔北归降落在这里。京城园博湖、晓月湖、宛平湖上，雀鹰翻飞，我国一种特有的珍稀鸟种——震旦鸦雀也现身宛平湖。

千里澄波，奋发可及。放眼大河上下，冰雪初融；谛听左岸右岸，生民一怀热望。对于老人，这条河流不再是他们脑海里渐行渐远的帆影；对于游子，故乡的河流亦不再是他们留不住的乡愁；对于孩子，他们渴望了解这条河的前世今生，期盼与她绕膝相伴，在绿水青山间大声吟诵那些千古流传、因河而生的美篇，"关关雎鸠，在河之洲……""蒹葭苍苍，白露为霜……"声之远，情之切，爱之深。

是啊，从世纪洪流到谦谦静水，从淙淙清泉到排空浊浪，从无定到永定，从奄奄一息到涅槃重生，这条非凡的长河，用它 300 万年的求索奋进演绎出的，是生生不息的传奇，亦如我们中华民族百折不挠，奔向复兴的伟大交响。

此刻，春山在望，春潮可期。

曲岸流觞

　　"我有一壶酒，可以慰风尘。"古有羲之会友兰亭，曲水流觞，饮酒赋诗。我们这一壶庆欢的酒漂得更远。从河之头至河之尾，从"桑干行"到"永定行"。历时4年，漂流747千米。

　　渤海岸边，村社渔家，我们终可擎杯在手。沙汀抒怀，檐花簌簌……

下　篇

"永定行"

    2019 年是中华人民共和国成立 70 周年，也是永定河流域"引黄入京"工程全面实施的第一年。永定、桑干同属一脉，作为与北京毗邻的河北涿鹿，两地山水同源，文化同脉，地缘相接、人缘相亲。因此，涿鹿县广播电视台联合涿鹿县水务局、永定河流域投资有限公司共同推出了"壮丽 70 年·阔步新时代"——《永定行》这一重大主题宣传活动。

    《永定行》以系列专题报道形式呈现，共十六集。这也是涿鹿县广播电视台继《桑干行》《涿水鹿山话桑干》之后第三部全景式展示桑干河上下游风貌的融媒体产品。

    《永定行》以永定河流经地为采访主线，同时聚焦其支流妫水河和清水河，拍摄范围跨越京津冀三地。重点关注这一流域的古迹名村、人情风土、水利交通、宗教传统、红色印迹等，力求通过节目，展现这条大河所孕育出的丰富而隽永的历史文化，以及沿河群众因河而兴的美好生活、因河而生的浓重家国情怀。

《永定行》策划团队：

　　付宇乾　　　刘利东

　　郭继鹏　　　马亿兵

　　陈晓光　　　崔　巍

　　石　慧　　　段雪冬

执行团队：

张凯然　　梁文丽

张泽军　　许恩华

唐晓乐　　杜海英

鸣谢：涿鹿绿生源园林绿化有限公司

涿鹿县任海汽贸有限公司

涿鹿县广播电视台

涿鹿县水务局

永定河流域投资有限公司

联合摄制

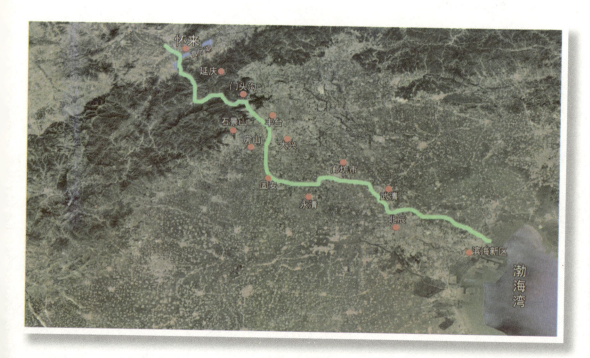

行走路线图

《永定行》主创人员合影

沿河城

古崖居小憩

策划拍摄

妙峰山取景

在三家店

渤海拍摄

门城湖拍摄

渤海岸边

《永定行》封镜

《永定行》开篇：

记者：观众朋友，我现在的位置是在河北省怀来县的朱官屯村桑干河、洋河交汇处。2016 年的秋天也就是在这里，我们完成了《桑干行》的全部拍摄任务。2019 年，这个曾经的终点又成了新的起点，在中华人民共和国成立 70 周年之际，我们将从这里出发，继续我们的逐梦之旅，开启新的行程——《永定行》，完成对桑干河下游——永定河的拍摄工作，向祖国的 70 华诞献礼。我们到访的第一站，是河北省怀来县的鸡鸣驿古城。

鸡鸣驿 01

全国近两千个驿站中仅存的驿城

记者： "绝塞参天一柱奇，东南城阙恰相宜。"清康熙九年进士邵嗣尧题咏鸡鸣山和鸡鸣驿的诗句，生动地描绘出这座古驿城所处位置和地形地貌特征。我们《永定行》的第一站来到的便是这座距北京140多千米，目前国内保存最好、规模最大、最富有特色的邮驿建筑群——鸡鸣驿。

配音： 鸡鸣驿城位于怀来县鸡鸣驿乡鸡鸣驿村，是一处建于明代的驿站遗存。驿城占地22万平方米，平面近方形，城墙周长约2000米，墙体高11米。俯瞰全城，今天我们依然可以清晰地分辨出城内纵横交错的五条道路，把城区分成了大小不等的十二个区域。

据有关专家考证，鸡鸣驿的建城史最早可追溯到先元时期，蒙古族统治者于现在的鸡鸣驿址设"府邸店"，为直属西京路德兴府之驿站。而德兴府指的就是现在的河北省涿鹿县。

鸡鸣山驿始建时间在元代，1219年成吉思汗率兵西征，在通往西域漫长的大道上开辟驿路，设置"站赤"，即驿站，从而形成了鸡鸣驿的原始雏形。到明永乐年间，鸡鸣驿扩建成为宣府进京的最大军邮驿站。

记者： 当时的这座驿站可以说店铺林立，旌旗猎猎，战马萧萧，信使每日往来穿梭，喧嚣一时，成为鸡鸣驿最鼎盛的时期。之后在明成化八年、隆庆四年、清乾隆三年又先后三次进行加固或重修。直到1913年北洋政府"裁汰驿站，开办邮政"，鸡鸣驿才完成了它的历史重任。

配音： 从此，这座古城开始了近一个世纪的沉睡，没有人再去探究它曾经的显赫和辉煌，兴盛与衰落。直到20世纪90年代，人们才开始关注起这座孤城，它的历史价值再次引起国家有关部门的重视。

1990 年，河北省文物局与河北省邮政局联合组织鸡鸣山驿考察活动；2001 年鸡鸣驿被国务院公布为第五批"全国重点文物保护单位"；2005 年被住房和城乡建设部、国家文物局列入第二批"中国历史文化名村"。2003 年、2005 年，鸡鸣驿两次被世界文化遗产基金会列入 100 处世界濒危遗产名单。

鸡鸣驿再次声名鹊起。

【同期采访】鸡鸣驿城文物保护管理处办公室主任：丁俊杰

鸡鸣驿具有极高的历史、艺术、科学、文化和社会价值，是不可替代的珍贵文化遗产。它在中国古代建筑史、中国古代交通史、中国古代军事史乃至世界邮驿史的研究上都占有极其重要的地位。

配音：鸡鸣驿现有驿丞署、驿馆等古迹，现存的庙宇有泰山庙、文昌庙、城隍庙、龙王庙、白衣观音殿等。同时为传承邮驿文化，回顾古驿发展史，献礼中华人民共和国 70 华诞，驿站内的"驿影"展厅也基本竣工。展厅搜集了中华人民共和国前后鸡鸣驿古城的照片，用图片陈列的形式重现鸡鸣古驿的流金岁月，展示了驿城几十年的保护和建设及驿城内人民群众的幸福生活。

记者：看过鸡鸣驿，总是会让人怀古思今，感喟时空深邃和岁月悠悠。今天在这古城的一侧便是川流不息的京藏高速和 346 省道，鸡鸣驿作为一个历史地标，已经被定格为遥远的过去，不过它依然坚守在这里，见证着时光的流变、世事的更迭。

就让我们和这里说声再见，并开启下一站的行程——官厅水库。

官厅水库

02

中华人民共和国抛下的第一枚

"定河神针"

记者："北方产量过长江，南方风景过长城。官厅水库鱼三尺，夹库湖山两岸青。"1958年，郭沫若大师在官厅水库满怀豪情地写下了这首诗，这是对祖国大好河山的歌颂，更是对水库建设的礼赞。可以说，眼前的官厅水库是中华人民共和国抛下的第一枚"定河神针"。

配音：永定河是海河水系中最大的一条河流，历史上曾名"无定河"，洪水经常泛滥肆虐，冲田毁园，给北京和天津地区带来许多灾难。中华人民共和国成立后，中央人民政府把根治永定河列入了重要议事日程，决定根治水患，确保下游地区人民生命财产的安全。

1951年10月，经中央人民政府批准，官厅水库建设工程正式开工。4万多名水库建设大军在极其艰苦的条件下，战天斗地，改造自然，以炽热的革命情怀和忘我精神，投入水库的建设中。到1954年5月，仅仅用了两年半左右的时间就胜利竣工，建成了中华人民共和国第一座大型山谷水库。

在水库建设期间，毛泽东主席高度重视和关注，曾亲临水库施工现场视察。在水库工程胜利完工后，毛主席欣然题词"庆祝官厅水库工程胜利完成"表示祝贺。从水库的选址可以看出，官厅水库大坝正好建于两山之间，这样就将曾经来势汹汹的河水拦腰截断。在之后的岁月里，官厅水库先后经过4次扩建和加固，具备了防洪、供水、发电、灌溉等多种功能，成为确保下游京津地区免遭永定河洪水威胁的重要屏障。官厅水库也一度成为北京主要供水水源地之一。

记者：然而在20世纪70年代初期，伴随着工业经济的发展，环境污染问题日渐突出，官厅水库水质开始时好时坏。到20世纪90年代，水库被迫退出城市生活饮用水体系，之后经过多年治理，又恢复成为北京市备用水源地。

  配音：从退出到恢复，这一过程所蕴含的是坚持不懈、持之以恒的努力。据了解，为改善和修复库区生态，国家对水库下游永定河进行综合治理，建成了25处污水处理设施，沿河新建了四处湿地生态净化工程。目前北方最大的湿地公园——河北怀来官厅水库国家湿地公园也正在建设中，公园占地面积约22万亩，其中湿地面积达13079.87公顷。

  为恢复永定河生机，实现"流动的河"的目标，国家开始实施"引黄入京"工程，黄河与永定河实现了首次历史性牵手。至此，永定河山峡段河道40年来首次实现不断流。

  【同期采访】怀来县水务局水资源办公室主任：王建林

  官厅水库输水工作已经持续了很多年，从2005年开始。以前叫输水，现在叫生态补水，2020年补水力度比较大，总计补充水量是一亿七千六百万立方米，水源主要来自册田水库、黄河补水，以及洋河上游的友谊水库。

  记者：这里是官厅水库拦河坝下的输水泄洪洞，我们可以看到从水库奔涌而来的湍急水流正轰然而下。官厅水库的建设，是中华人民共和国水利史上的重大事件，也是中华人民共和国水利建筑史上的里程碑。

  大河歌罢掉头东，今天又见黄河之水天上来。我们相信，随着"引黄入京"工程的全面实施，官厅水库这颗璀璨的塞上明珠必将更加夺目耀眼，活力四射。

相看两不厌

天皇山　古崖居

03

　　记者： 告别了官厅水库，我们这一站首先来到的是位于河北省怀来县的天皇山石窟。据考证，这里的石窟为北魏时期游牧民族——奚族为躲避强敌入侵依山凿石而建，这些石窟虽然与同处永定河上游的大同云冈石窟无法比拟，却也在这山乡僻野间屹立千年，令人叹为观止。

　　配音： 由于没有考古方面的实证和史籍文献上的确切记载，其实天皇山石窟是否为奚人开凿目前仍无最终定论，当然这并不影响我们拜访它的热情。走进天皇山，草木葱郁，流水潺潺，山中鸟鸣回旋，幽静雅致。沿着林荫遮蔽的石阶拾级而上，山势逐渐陡峭，大约一个小时后，峰回路转，石窟便赫然呈现在我们眼前。

　　从外观看，石窟依山凿石而建，其雕凿工艺既体现出原始之美，又处处体现着实用性。进入石窟，在窟内辗转盘桓，竟别有一番洞天。每个石室或大或小，或者套间平行，或者上下两层，石室内门、窗、灶、炕、烟道、灯台、储水槽、壁橱一应俱全，都极具生活功能，不得不赞叹古人的精巧构思与设计。窟内清爽舒适，窟外蓝天碧水青山，恍若世外桃源。

　　纵观整个石窟，其军事防御功能也十分明显。站在山外，很难发现石窟群落；可进入石窟，进山小道及山下的一切尽收眼底，一览无余。远可见碧波荡漾的官厅湖，近可观进山人的一举一动。

　　记者： 天皇山石窟令人称奇，而和它仅仅相距 1 公里的地方，还有一处神奇所在，这就是北京市延庆区的古崖居。这两处石窟群就像一对孪生兄弟抑或夫妻，相守千年，成为彼此相看不厌的风景。

　　配音： 相对于天皇山石窟，延庆区的古崖居看点更多，它是我国目前已经

发现规模最大的崖居遗址。据统计，古崖居保存下来的石室有 137 间，其规模远大于天皇山石窟。在攀爬的难度系数上，古崖居也更容易一些。我们沿着峡谷行进大约半小时，在一条不到 10 米宽的山沟两侧的陡峭石壁上，这些人工凿刻大小不一的石室便会逐渐收入眼底。

同天皇山石窟一样，古崖居的来历至今仍是个谜。由于文献记载寥寥，给实证研究带来了很大困难。如此规模的石室是何人、何时开凿？为什么会开凿？这个神秘的族群为什么会来到这个地方？都成为千古之谜。关于古崖居的居住者，主要有奚人说、长城附属遗迹说、屯军说、避难说等观点。

这些人工凿刻的石室大小不均，形状不一，有的甚至极为类似现代居民楼的"三居室"。这些石室全部没有柱，也没有梁，却能设计出楼的结构；没有梯，没有板，却能上下贯通，出入自如。且全部石室圆则圆，方则方，均合乎美学规矩，表现出一种原始的审美情趣。

遥想一个族群，从一个地方跋山涉水而来，在这山野之间风餐露宿，凿石而居，环境的严酷可想而知。而他们又在一个清晨或者黄昏悄然离去，只把这石窟、石室凝练成的强悍意志和生存韧性留与后人。

记者： 靠山而栖，临河而居，智慧的先人早已将生存的要义烂熟于胸。河流是自然的造化，而天皇山石窟也好，古崖居也罢，都是人类技艺、智慧和灵感的结晶，是兼具艺术性和实用性的杰作。

下一期让我们去永定河的支流妫水河畔看一看，那里正在举办盛大的世界园艺博览会。

04

世园会缘何
情钟
妫水河
畔

记者：眼前的这条妫水河是永定河的重要支流，它位于北京市延庆区，这些天这里正举办着一场规模空前的花会——世界园艺博览会。世园会又叫"世界园艺节"，被誉为世界园艺文化和园林科学的"奥林匹克"盛会。据了解，此次共有 110 个国家和国际组织参展，刷新了世园会参展方数量的历史纪录。

配音：2019 年北京世园会以"让园艺融入自然，让自然感动心灵"为理念，以"绿色生活，美丽家园"为主题，旨在倡导人们尊重自然、融入自然、追求美好生活。园区紧邻官厅水库，横跨妫水河两岸，核心面积约 503 公顷，展期从 2019 年 4 月 29 日开始到 2019 年 10 月 7 日结束，共 162 天。园内核心建筑由"四馆一心"组成，即中国馆、国际馆、生活体验馆、植物馆和演艺中心妫汭剧场。据悉，北京世园会期间，除花卉园艺展览展示外，还将举办各类活动共计 2500 多场次，平均每天多达 15 场。

记者：这次由北京市承办的世界园艺博览会，是继 1999 年昆明世园会和 2010 年上海世博会之后，近十年在我国举办的级别最高、规模最大的一次专业类世博会，如此盛大的国际展会，为什么会选择在延庆区的妫水河畔举办呢？

配音：首先，延庆是首都西北部重要生态保育及区域生态治理协作区，在北京市域生态空间格局中占有重要地位，对北京市生态环境保护和建设起着极其重要的作用。目前，延庆全区森林覆盖率达 59.28%，林木绿化率达 71.67%，空气质量连续多年居北京前列，是市民融入自然、放松心情的理想之地，是首都北京的"后花园"。

另外从城市发展角度来说，延庆举办过世界葡萄大会，2019 年举办世界园艺博览会，2022 年还要举办北京冬奥会，可以借助这种大型活动，将延庆的基础设施和经济文化综合水平进行逐步提升。当然妫水河深厚的历史底蕴也成为主要考量之一。世园会核心景观区内有妫汭湖，而形如彩蝶般的世园会演艺中心也以"妫汭"命名，称为"妫汭剧场"。外国游客在参观世园会的同时，也可以领略到中华古典文化、生态文化的博大精深。

【同期采访】延庆区知名作家：武光

北齐的时候，包括怀来这部分有北燕州；唐贞观八年的时候，这儿建有妫州，妫州就是以妫水来定名的。妫水的这个"妫"字，好多个地方都有，新疆有，山西也有，山西有妫水也有汭水。延庆这儿为什么也有妫水呢？很可能就是文化的交流，特别是北方农耕文明和游牧文明在交错的时候形成这种文化。另外也有可能是在人口迁徙的时候，把故乡的名字就带到了这里。总之它是文化交流的象征。

妫水曾经叫清夷水，后来改为妫水，沿用至今，这个地方就变成妫州了。汭字，就是指水域弯曲的地方。

配音： 同时世园会选择在延庆，也正是看好了妫水河良好的水质及其周边优美的生态环境，使北京世园会在推动各国文化交流合作的同时，也让世界各地的参观者来共同思考人与自然和谐共存的问题。

据了解，近几年延庆共投资 1.87 亿元对妫水河进行水生态治理，通过清除淤泥有效控制妫水河内源污染，恢复水体自净能力及水域生物多样性。妫水河世园段的水质标准，目前已达到地表水三类水平。

记者： 一条妫水河，使本届世园会显得更加魅力超凡，特色独具。而关于河畔的精彩故事其实才刚刚拉开帷幕。因为在 2022 年，北京冬奥会也将在延庆和永定河上游的河北张家口举办。就让我们在这样的期待中继续沿河而行，去关注一个因长城而生的村落——沿河城。下一站见。

因长城而生的村落

05

沿河城

记者：在我们的《桑干行》栏目中曾介绍过这一流域的长城，其中山西忻州的宁武县城就是由"宁武关"发展演变而来。"宁武关"最兴盛时，总驻军民达到4000人，其中骑兵1000人。而现在所处的北京市门头沟区沿河城村也是一个因长城而生的村落，历史上的沿河城隶属明代长城内三关之一的紫荆关所辖，是塞外通往北京的要冲之一。

配音：沿河城村是永定河流入北京地区后的第一个村庄。村旁缓缓流淌的永定河澄波粼粼，而环围村落的便是长城的古老城墙。

走进村里，干净整洁，房屋布局错落有致。文物古迹、老宅新屋杂糅在一起却又不失风韵。穿街过巷，村民开的农家院、农家餐厅随处可见，接待着慕名而来的游客。屋檐下，老树旁，人们三五闲聊，生活安静而恬淡。

沿河城村历史悠久，在辽金时期已经成村，明朝永乐四年在此设有守御千户所驻防；明景泰二年由卫所调官员把守，隶属马水口守备管辖；嘉靖三十二年改设沿河口守备。

【同期采访】中科院地理所客座教授：谭杰

沿河城军事守备是四品官级，应该是相当于我们现在的正厅级，可以说它的管理权限不小。如果"内三关"被外族侵入、突破以后就危及到京都的安全了。内长城中我们沿河城很重要，当时的金朝、元朝攻破北京，都是从沿河城守备的这个"内三关"开始攻入，然后再从里边内外夹击，攻击居庸关。

配音：历史上，沿河口守备公署的防御范围东起沿河城，西到东灵山脚下的小龙门口，共管辖17座关口。是当时清水、斋堂、雁翅三镇几段长城的屯兵要塞和指挥中枢。这座军城依山傍水，地势险要，东西设城门，南北设水门。现在西门即永胜门保存完好；东门即万安门，20 世纪 50 年代垮塌，仅剩门券，近年来得到恢复重建。包围着古村落的是长 1182.3 米的城墙，这些城墙以条石和巨型鹅卵石砌筑，东西北三面墙为直线，南墙为弧线。

据了解，沿河城曾存有两块石碑，分别为《沿河城守备府碑》和《沿河口修城记碑》。

《沿河城守备府碑》在大明天启四年由守备沿河口地方都指挥张经纬所立，记载了沿河口守备的设立时间和建城时间。

现存于原沿河城办事处的《沿河口修城记碑》于大明万历十九年由山西提刑按察司副使冯子履所立，主要记载了建城的缘由。

经过有关专家研究辨认，这块碑刻大意为："国家以宣（今宣化）云（今大同）为门户，以蓟为屏，而沿河口当两镇之交，东望都邑，西走塞上而通大漠，浑河荡荡，襟带其左，盖腹心要害处也……"因此朝廷决定在这个地方修建守御城池，防御北方外族入侵，屯兵守备。

一座古城，因战而筑，因兵而兴，如今它军事要塞的作用悄然淡去，已经成为太行余脉、永定山峡深处一道愈加清雅别致的风景。

记者：其实在永定河上游，与其同属一脉的桑干河畔，比如在其发源地宁武，流经地左云、右玉、大同，长城总是与这条河流相伴相依。长城是襟，永定是带；一个是凝固的历史，一个是流动的故事，就让我们在这襟带之间继续行走吧。

珍珠湖

06

高峡平湖 一桥飞架

记者：永定河从河北省怀来县官厅水库拦河大坝出发，便开始了长达 100 多公里的山峡段行程，百里山峡百里画廊，这条大河穿峡击石，在沿途形成无数的美景，镶嵌在大山深处的珍珠湖便是其中至美的一景。

配音：长河奔流，浩浩汤汤，永定河在漫长的山峡段行程中，山借水势，水依山行，成就的是秀丽迷人的自然风光。

珍珠湖原名珠窝水库，过去因为湖内生长的河蚌数量多而且大，因此得名"珍珠湖"。这个湖区呈狭长状，水域面积约 4.2 平方千米，水容量为 1430 万立方米。目前湖区已经不对外开放，它呈现给我们的是一种更加自然的原生态之美。进入湖区，从高处俯瞰，只见一池湖水便在这高山峡谷间铺展开来，水域宽阔，一望无际。穿行其中，只见两岸青山相对，奇峰迭起，森严壁立。清风徐来，水波不兴。据了解，湖区最窄处仅 120 米，最宽的地方也只有 500 米左右。整个湖区沿途呈弯弯曲曲状，可谓一弯一景，景景不重。这种不断的峰回水转，常会让人生出山重水复、柳暗花明的感慨。

珍珠湖上接门头沟区斋堂镇向阳口村，下连雁翅镇珠窝村，全长 9.5 千米。良好的水域生态环境促进了鱼类的生长繁衍。据当地村民介绍，湖内的鱼类以常见的白鲢、鲤鱼、草鱼等淡水鱼类为主，50 斤以上的大鱼并不鲜见。20 世纪 80 年代水库清淤时，曾经打捞上一条重 50 公斤，长达 2 米的大鱼。

记者：有河流就有桥梁，在永定河流经北京的河道上共有京门支线铁路桥、丰沙线旧桥、三家店拦河闸桥等数 10 座桥梁，使永定河上有了"露天桥梁博物馆"的美誉。位于珍珠湖上的这座桥全长 217.98 米，是我国最长跨度的钢筋混凝土铁路拱桥。

配音：这座横跨永定河的桥梁为永定河 7 号桥，它位于丰沙铁路下行线上游，距官厅水库大坝约 28 千米，有"亚洲第一桥"的美誉。

这是一座唯美的桥，它造型美观，受力合理，凌空飞架，充分发挥了不同建筑材料和拱桥形式的特长，处处展现出优雅和力量。当呼啸的列车穿桥而过，其安静与灵动便实现了唯美的结合，车跨平湖，湖映桥影，皆成画图。

该桥也是一座历经时间磨砺，与共和国一起成长的桥。桥梁于 1959 年完成初步设计，1960 年 2 月开工，1962 年因丰沙线缓建停工。1964 年开始续建，1966 年 6 月竣工，1972 年正式开始运营。1978 年该桥获得"全国科学大会科技进步奖"。这座桥，几经曲折终成时代传奇。这座桥，也成为珍珠湖上的点睛之笔。

有人把珍珠湖称作"京西小三峡"，也有人说它既有泰山之雄，亦有华山之险，更兼雁荡之幽。的确，珍珠湖的湖光山色似乎浓缩了各处美景的精华。它的神韵，是大自然的神奇造化，同时也是我们人类在改造自然的伟大实践中，实现人与自然，人与环境和合共生的真实写照。

记者：在领略了珍珠湖的自然之美后，我们《永定行》摄制组将从门头沟区雁翅镇的青白口村折向西南方向，去探寻永定河支流——清水河流域的古村落和古民居，让我们一起出发吧。

马栏村

07

的红色印迹

记者：马栏，门头沟区斋堂镇一个原本非常普通的村落，永定河支流清水河从这里流过。80多年前，当抗日战争的烽火燃烧到这里，40位铁骨铮铮的马栏子弟毅然决然奔向了保家卫国的战场。冀热察挺进军司令部旧址陈列馆就坐落在这里，来到马栏，总会让人热血沸腾。

配音：马栏村，因为在明代是圈放马匹的地方，因此得名马栏。该村地处太行山余脉，位于斋堂镇南部。走进马栏，我们无不为这里的红色文化所深深浸润。石头墙、老房子、旧戏台、冀热察挺进军司令部旧址、八路军邓华支队驻地、冀热察挺进军警卫排、机要科驻地等革命旧址，无声地诉说着这里曾经的烽火岁月和战斗故事。

冀热察挺进军司令部旧址陈列馆坐落于一所普通的古代民居两进四合院内。它落成于1997年7月7日，是我国第一个由农民发起兴办的村级革命题材陈列馆。

【同期采访】马栏村"两委"干部：艾成民

1996年筹备，征集文物搜集资料，1997年正式开馆。当年开馆的时候，萧克同志亲自过来揭幕。那会儿村里边集体经济没有收入，就靠大伙集资开办的这个纪念（陈列）馆。

配音：陈列馆展室面积240平方米，陈列有村民捐献和从外地征集的数百件实物及图片，分别介绍了冀热察挺进军成立前后开辟平西抗日根据地的过程，挺进军战斗历程及马栏村抗战斗争史等。

【同期采访】陈列馆讲解员：赵领兄

1938年11月25日，党中央决定组建挺进军，由萧克同志负责组建；1939年2月，冀热察挺进军正式成立；1939年的10月，挺进军司令部正式进驻马栏村。

配音：挺进军成立后，他们以斋堂为中心，转战平西、平北和冀东广大地区，积极开展抗日武装斗争，粉碎了日军对根据地的多次进犯围剿，打击了日军和伪军的嚣张气焰。

在这场保家卫国的人民战争中，作为根据地核心区域的干部群众，马栏村人积极支前、奋勇杀敌，配合挺进军进行游击战、破袭战、地雷战、伏击歼灭战，并积极送子参军，挺进军七团的"马栏排"，其成员就全部来自马栏村。

【同期采访】陈列馆讲解员：赵领兄

在严酷的战争中，挺进军经历战斗数以百计。1939 年，日军对斋堂川发起了三次扫荡，动用兵力 2500 余人，分五路进攻此根据地。挺进军采取了诱敌深入的战术，经历了 50 多次战斗，毙敌 300 多人。创造了江水河之战、军响伏击战、沿河城歼灭战等多个光荣的战例。

配音："挺进！挺进！在卢沟桥畔，在永定河边，在敌人的远后方，在祖国的最前线！巩固平西抗日根据地，配合东北义军的胜利，坚持冀东游击战争，创造冀热察新的根据地……"这首激荡人心，催人奋进的《挺进军歌》由挺进军政治部宣传部部长罗立斌作词作曲，在当年传遍了根据地的每一个角落，回响在永定河畔，极大地鼓舞了抗日军民的革命斗志。

今天，各种体验沉浸式红色之旅正在马栏开展。红村马栏已成为京西重要的爱国主义教育基地。

记者：走出纪念馆，有到这样一条石子路，路面上镶嵌着 40 枚五星钢钉，据说这是为了永远怀念那 40 位为国捐躯的马栏子弟。沿石子路拾级而上，便是马栏村党支部。一座是承载历史的红色建筑，一个是继往开来的基层堡垒，历史就这样被这条路巧妙地连接起来。这颇具象征意义的连接，很容易让人想起八个字——"不忘初心，牢记使命"。

古建明珠

爨底下

08

记者："爨"字念（cuàn），它共有三十笔。为了方便记忆我们可以拆开说：兴字头，林字腰、大字下面加火烧。"爨"本意为烧火做饭。"爨"字的由来有两种说法，一说是根据姓氏而来；二说是源于军事。我们就通过这个字来认识爨底下村。

配音：爨底下村位于北京市门头沟区斋堂镇，其得名是因为明代时在此设立军事隘口即爨里安口，因为该村位于"爨里安口"的下方，故名"爨底下"。爨底下村距今已有500多年的历史。由于地处斋堂西北狭谷中部，因而藏风聚气，钟灵毓秀，自然天成。鳞次栉比的古建筑使其更显古朴、典雅和大气。如今这里已是国家3A级景区，2003年被建设部、国家文物局评为首批"中国历史文化名村"。

【同期采访】爨底下村村民：韩晓发

爨底下有50户，100口人，是从山西洪洞县移民过来的。祖上是哥三个，延续到现在已经有18代了。

配音：爨底下村最大的特色就是古民居。在这里目前保存着76套650多间明清时期的四合院，是我国迄今发现保留比较完整的山村古建筑群。

车行爨底下，只见大片的四合院群落建于山谷北侧缓坡之上，依山就势，高低错落，层层叠叠。从对面金蟾山上俯瞰，整个村子以上面的山包为轴心，南北为轴线呈扇形向下延展，村上、村下被一条长200米，最高处20米的弧形大墙分开，建筑布局极具美感，体现出古代建筑工匠的聪慧才智和精巧构思。山村周围群峰环绕，绿意婆娑，花香鸟语。村内青砖灰瓦，山石铺路。巷陌深处，宅院幽静，目光所及，皆是风景。

爨底下的古民居以清代四合院为主体，由正房、倒座和左右厢房围合而成，部分设有耳房、罩房。主要分为山地四合院、双店式四合院及店铺式四合院。建筑风格既有江南建筑在窗、楼、室等细节、局部处理上的雅致，又体现出北方高宅大院恢宏大气的特点。

在这些古民居中，"大五间"是全村扇面状民居的交汇点，也是全村规格最高、质量最好的民居建筑。室内三明两暗，建筑结构为五间五檩，两边是卧室，中间是客厅，过去称之为堂屋。屋内有棋盘炕，门外有猫洞，台阶下有狗窝，西侧耳房下有储藏室，设计巧妙，可以说是山村民宅建筑的典型代表。

走在老街上，每处宅院都是沧桑古老，韵味十足。木门、门墩、砖刻影壁无不雕琢精美，这里曾经的鼎盛可见一斑。

【同期采访】爨底下村村民：韩晓发

爨底下村在历史上曾经有过辉煌和显赫的时期，尤其在清末，这里有闻名京西的大财主及远近知名的八大家，有钱的人多，没钱的人少，每家都盖起了青砖灰瓦四合院。由于地处偏僻，所以这些院落得到了很好的保留。

记者：著名的古建筑学家罗哲文先生曾经说："爨底下古山村是一颗中国古典建筑瑰宝的明珠，它蕴含着深厚的北方建筑文化内涵，就其历史、文化艺术价值来说，不仅在北京，就是在全国也属于珍贵之列。"

永定河孕育了瑰丽的爨底下，而爨底下又把这份灵秀赋予人们的生活，可谓人水相依，和谐自然。

09

峰低天阔

妙峰山

　　记者：感受了古建筑的神韵，再让我们来一起领略永定河畔山峦的雄奇。从门头沟区妙峰山海拔 1291 米的山顶上远眺，那条如玉带般环绕京畿大地的就是永定河。

　　配音：妙峰山位于北京市西北部，也称妙高峰或阳台山，属太行山余脉，总面积约 20 平方千米。这座山山势相对平缓，既有北方山峰苍劲的风骨，亦有南方秀美的灵气。

　　进入山上的庙宇群，沿着回香阁背后的陡峭石阶攀爬而上，便来到了玉皇顶。玉皇顶占地 110 平方米，顶上玉皇庙是妙峰山海拔最高的庙宇。从这里向远处眺望，目光越过林木葱茏的层层山峦，延展向平原，永定河的河道便会清晰可辨。

　　妙峰山以"古刹""奇松""怪石""异卉"而闻名。山上的灵感宫等庙宇群始建于辽金时期，共有释、道、儒等不同信仰的殿宇 14 座。这些庙宇群依山取势，参差错落，高低有致。山上俗称"娘娘庙"的惠济祠，总面积 958.8 平方米，门洞上方"敕建惠济祠"5 个大字为清代嘉庆皇帝的御笔。惠济祠院内共有 8 座大殿，其中的正殿灵感宫供奉着此山的主神"碧霞元君"。

　　妙峰山上奇松众多，身姿各异，虬枝如龙。这些古松以油松为主，树龄都在几百年以上。其中一级古树有 9 棵。受高山海拔影响，这些松树生长奇特，造型各异，被形象地命名为"迎客松""凤凰展翅松""双龙松"等。

　　石头是大山的灵魂。大自然的鬼斧神工也造就了妙峰山上石头的神奇。猿人石、状元石、迎风石、拜香石、神来石等，它们或大或小，造型各异，争相竞秀，意趣无穷。

"古刹""奇松""怪石""异卉",那"异卉"指的又是什么呢?它指的就是山上的玫瑰花。妙峰山镇涧沟村自明代以来就是中国玫瑰花种植集中地,更是"高山玫瑰"原产地,被誉为"中国的玫瑰之乡"。

记者:现在这里的玫瑰花种植面积已达万亩,堪称华北一绝,盛花期可年产鲜花 50 万束左右。每年的 5 月下旬至 6 月下旬是玫瑰花竞相开放的季节。

配音:妙峰山久负盛名的地方,则是在每年的农历四月初一至十五,都要举办华北地区规模最大的民俗庙会。这一始于明朝末期的庙会距今已经延续了400 余年,如今已被列入国家级非物质文化遗产名录。庙会期间来自全国各地的善男信女、几百档民间花会汇聚妙峰山,朝顶进香,施粥布茶,场面壮观。

【同期采访】中科院地理所客座教授:谭杰

妙峰山是我国民俗文化中一颗璀璨的明珠,它包含了北京民俗文化的诸多内容,体现的是老百姓的生活、老百姓的精神诉求。北京的民俗文化,应该是从妙峰山开始的。

记者:《妙峰山琐记》中说:"妙峰山者,神京巨镇,宛邑名峰,取像苏迷,去天咫尺。"山水的灵秀与人文的厚重在这里交相辉映,使妙峰山更加魅力独具。

山因水而苍翠,水因山而灵动,立于山水之间的我们将继续行走,去寻访永定河畔更多的美景与故事。

潭柘寺

10

寺龄 1705 年 北京地区修建最早的寺庙

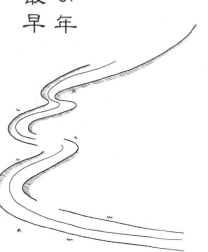

记者："西山古潭柘，今日径初由。问景层层妙，入门步步幽。"这是清嘉庆皇帝初游潭柘寺所作诗句。潭柘寺如果从建寺算起，已经有1705年的历史，是北京地区修建最早的佛教寺庙，民间素有"先有潭柘寺，后有北京城"的说法。

配音：潭柘寺位于北京市门头沟区东南部的潭柘山麓，距市中心30余千米。因建寺年代之久，历史上来此拜谒皇帝之多而名冠京城。经考证，潭柘寺始建于西晋建兴四年（316年），是北京最古老的寺庙。

潭柘寺原名嘉福寺，因寺后有"龙潭"，山上有柘树，故民间一直称为"潭柘寺"。唐时曾叫龙泉寺，金代叫大万寿寺，明代复旧名嘉福寺，清代又改为岫云寺。金熙宗完颜亶于皇统元年（1141）到潭柘寺进香礼佛，并拨款对寺庙进行了整修和扩建，成为第一位到潭柘寺进香的皇帝。明代从太祖朱元璋起，历代皇帝及后妃大多信佛，因此对该寺的建设颇为重视，由朝廷拨出专款，或由太监捐资对这座寺庙进行了多次整修和扩建，使潭柘寺确立了今天的格局。

【同期采访】潭柘寺工作人员：温海芹

潭柘寺于明代就已经成为对外交流的一个窗口，当时有很多外国人来潭柘寺，有日本的无初德始、东印度的底哇答思、西印度的连公大和尚等，最后他们都圆寂在潭柘寺。

配音：进入清朝后，康熙、雍正、乾隆等皇帝先后到寺游览、礼佛或赐匾。特别是在康熙三十六年（1697），康熙皇帝二游潭柘寺，亲赐寺名为"敕建岫云禅寺"，并亲笔题写了寺额。

潭柘寺主体建筑有山门、天王殿、大雄宝殿和毗卢阁。东路有方丈院，西路有戒坛、观音殿等。塔院中共有 71 座埋葬高僧的砖塔或石塔。整座寺院庄严肃穆、梵音袅袅、幽静雅致、碧瓦朱栏、修竹丛生、流水潺潺，成为北京郊区最大的一处寺庙古建筑群。

潭柘寺内古树名木众多。古松、娑罗树、银杏树树体高大，遮天蔽日。特别是毗卢阁东侧的两株 10 余米高，遮阴 20 多平方米的"二乔玉兰"极其罕见，它们植于明代中期，已有 400 多年的树龄。

记者：古树参天，竹林奇秀是潭柘寺的一大特色，而这寺庙里还有"二宝"，那就是铜锅和石鱼。

配音：古老的潭柘寺原有三口大铜锅，头号锅用来煮粥，二号锅用来做饭，这两口大锅早已被毁。现在人们能看到的只有最小的三号锅，是和尚炒菜用的。据说头号锅直径 12 尺，深 6 尺有余，煮粥时由七八个和尚负责烧火，粥饭可供全寺僧众食用一天。

而位于潭柘寺观音殿西侧龙王殿前廊上的石鱼，长 1.7 米，重 150 公斤，看似铜，实为石，击之能发出五种声音，可惜我们拍摄的时候殿前正在维修，无法一睹它的全貌。

记者：其实在整个永定河流域的上下游地区，寺庙众多且历史悠久，兼收并蓄，恢宏大气。比如大同的华严寺、悬空寺，门头沟区的戒台寺、灵岳寺等，它们在时间跨度上自汉唐至明清绵延 2000 多年，成为这一流域宗教文化的重要地标。

下期让我们到三家店村去看一看，那里保存着永定河流域唯一的一尊河神塑像。

三家店

11

河神塑像
永定河畔唯此一尊

记者：门头沟区的三家店村，永定河正是从这里冲出百里山峡，奔向一马平川的冲积平原。因此，历史上的三家店是京西古道上的重要渡口，也是连接京城和西山的门户。更弥足珍贵的是，这里的龙王庙里保存着永定河畔唯一的一尊河神塑像。

配音：三家店村位于门头沟区龙泉镇东部，它西连太行山，东望北京湾平原，是扼守永定河出山口的第一大村。据史料记载，三家店成村时间在辽代，最早源于住在这里的三户人家，村名也由此而来。辽代时名为"三家村"，元代名"三家土"，明代以后名为三家店并沿至今。

因地处永定河畔，三家店的兴盛也总是和水联系在一起的。早在元朝时期，勤劳智慧的三家店人就依托靠近永定河之利，修筑了兴隆坝区，把永定河东岸的荒滩变成了万亩良田。因为永定河，这里的古渡口成为连接京西山区与北京平原的交通枢纽，人口聚集车水马龙，到明清时期三里长的大街上，各种商店沿街排列多达200余家，仅煤厂就有数十家。西山所产的煤炭、石灰、琉璃制品，各种山货从这里运往京城，各种生活日用品又通过这里输送到京西山区。

历史文化和经济发展都在这条老街上留下了清晰的印记，龙王庙、关帝庙铁锚寺、白衣观音庵、二郎庙、天利煤场，沧桑、古朴、深邃。特别是三家店的龙王庙里保存着永定河畔仅存的一尊河神塑像，对于研究永定河文化具有极其重要的价值。

我国祭祀河神的习俗由来已久，延续了几千年。历史上永定河北京地区的河神祠庙沿河分布，最为密集，有数十座之多，祭祀活动也非常盛行。经过历

史的变迁，这些河神庙多已不存。

【同期采访】三家店西前街社区退休干部：杨兴培

原来祭祀河神，特别是赶上旱天，村民们就把这龙王爷抬出去，然后有好多人，装成各种水族的动物。听老人说有的人背着个柳条编的笸箩，装成好像是个大乌龟似的来求雨。

配音： 留存至今的三家店龙王庙坐北朝南，背靠青山，西临永定河，庙为三合院，建于明代，初名为龙兴庵。清代四次重修增建，形成今天的建筑格局。龙王庙正殿神龛内供奉着五尊龙王神像，其中一尊便是永定河神像，神像仪态端然，栩栩如生。

【同期采访】三家店西前街社区退休干部：杨兴培

咱们这儿供的是五个龙王，除了四海龙王，还有一个是永定河的河神，这是第五个龙王，所以说是比较罕见的。

配音： 三家店龙王庙内供奉的河神是何方人士，也是人们始终关注的焦点。

【同期采访】永定河文化研究会会长：张广林

这个河神，他的服饰是明代的，应该是明代的人。我们在做进一步细致的研究。他之所以名气比较大，就是四任皇帝都曾经封他，康熙、乾隆干脆就封他为永定河河神。一般的叫河伯，还有叫河王的，到河神就应该到顶了，属于顶级了。

记者： 清末诗人爱新觉罗·宝廷的《西山纪游集》中，有着许多记述三家店风光的诗句，如《三家店》诗云："孤村荒僻说三家，雨后凭高望眼赊。万树拥云吞落日，乱山挟水走平沙。重重岭色连天远，曲曲河流抢店斜……"滔滔永定河水成就了三家店的景，也滋养了这里的人，衷心祝愿这里的景更浓，人更美！

革命熔炉

12

长辛店

记者： 位于北京市丰台区的长辛店二七纪念馆，共有四个展室，陈列着"二七"革命斗争的史料和文物，保存着京汉铁路工人革命斗争的大量实物，成为长辛店二七大罢工和工人运动的重要纪念地。

配音： 长辛店，位于永定河西岸，这是一条具有近千年历史的老街，也是西南进京的必经要道。明清时期，这里是距离北京城最近的古驿站，也是进出北京西大道的门户，俗称"九省御路"。更为重要的是这里见证了中国工人运动第一次高潮中规模最大、最有影响的"京汉铁路工人大罢工"，在中国近代史上写下了光辉灿烂、波澜壮阔的一页，被誉为中国共产党领导工人运动的起点、近代中国工人运动的摇篮！

1923年2月1日，党领导下的京汉铁路总工会筹备会决定在郑州召开成立大会，参加会议的工人代表冲破军警的重重阻挠，宣布京汉铁路总工会成立。2月4日，全路各站2万多工人举行大罢工，1200多千米的铁路线顿时瘫痪。反动军阀血腥镇压了京汉铁路工人大罢工，制造了震惊中外的二七惨案。

在长辛店，2月6日晚上，军阀当局展开大搜捕，捕走罢工工人负责人史文彬、吴汝铭、陈励茂等11人。2月7日凌晨，2000多名工人来到警察局所在地——火神庙，要求释放被抓的工会会员，被全副武装的军警野蛮冲杀，葛树贵等5人被打死，其他工人重伤28人，被捕32人。毛泽东曾对长辛店"二七"大罢工给予高度评价，说"中国工人运动是从长辛店铁路工厂开始的"。

劳动补习学校旧址、长辛店工人俱乐部旧址、长辛店留法勤工俭学旧址、二七烈士墓，这些红色遗址、遗迹无声地述说着这块土地上曾经发生过的工人运动热潮，彰显着中国工人阶级坚定的革命性和伟大的牺牲精神。留法勤工俭学旧址，这座位于丰台区长辛店德善里 18 号，长辛店铁路中学校园内的方形两层法式小楼再次进入我们的视线。

记者：为学习西方先进科学文化、寻求救国救民真理，1919 年年初到 1920 年年底在中国掀起了一场前所未有、声势浩大的留法勤工俭学运动。为使赴法学生学会一些粗浅的法语和简单的劳动技能，在国内先后创办起 17 所留法勤工俭学预备学校（班）。长辛店留法预备班便是其中的一所。

配音：这座法式小楼分上下两层，共 12 间房，原是京汉铁路局火车房总管郭长泰的住宅，1918 年改做留法勤工俭学预备班的教室。毛泽东在 1918 年冬和 1919 年 3 月先后两次来到这里，探望湖南籍学员，调查研究长辛店的工人状况。

记者：在留法勤工俭学预备班的教室，当年这个预备班设有铸造、机械、钳工三个专业，学员有 100 多人。

配音：预备班学员实行半工半读，重点学习法文。在经受劳动锻炼的同时也提高了作为中国工人阶级的思想觉悟。后来成为共和国地质部部长的何长工等人都曾在这里学习。这批学员 1918 年暑假入学，1919 年冬赴法留学。据了解，在近两年时间里，全国共有 20 批学生赴法勤工俭学，共计 1700 多人。

历经留法勤工俭学运动的洗礼，一大批学生成了中国共产党的优秀战士，投身到争取民族独立、人民解放、建设中华人民共和国的伟大斗争和实践中。

来到长辛店，参观这些革命旧址，我们深深感受到老一辈革命者以民为天、为国为家的高尚情怀。愿这种伟大的革命精神和红色记忆在长辛店永不褪色！

卢沟桥

13

河风吹皱多少故事

记者： 永定河上桥梁百座，而所有的桥梁，无论从建造时间、建筑形制，还是从其知名度和影响力而言，都是无法与卢沟桥相媲美。

配音： 卢沟桥亦称芦沟桥，位于北京市西南约 15 千米处，因横跨卢沟河（即永定河）而得名，整个桥身石体结构，关键部位均有银锭铁榫连接，是华北最长的古代石桥，也是北京市现存最古老的石造联拱桥。

卢沟桥始建于金朝大定二十九年（1189），历经 3 年建成，距今已有 800 多年的历史。桥长 266.5 米，宽 7.5 米，桥面铺石板，下由 11 孔石拱组成。桥身两侧石雕护栏，各有 140 根望柱，柱头上刻有形态各异的石狮 501 只。这些狮子经历了金、元、明、清、"民国"和中华人民共和国几个时期的修补，融汇了各个时期的艺术特征，成为石刻艺术的精华。几百年来，这座古老沧桑的石桥虽历经风雨磨砺，却岿然屹立在永定河畔，在这秋水云天间散发出迷人的神韵。

现珍藏于中国国家博物馆的《卢沟运筏图》勾勒出元代卢沟桥畔繁荣的景象。只见整幅画面长桥横卧，桥上行人接踵，熙熙攘攘。桥东酒亭招幌高挂，桥西人马簇拥，市集繁荣；河中清筏顺流而下，岸边木材堆积待运。漂运木筏的场景充分反映出当时永定河的水文状况，也凸显了卢沟桥的交通门户地位。

在卢沟桥建成 80 多年后，意大利人马可波罗来到中国，他在《马可·波罗游记》中盛赞这座桥是"世界上最好的、独一无二的桥……"从此以后，卢沟桥随该书名扬海外，令欧洲人无限向往。

一座桥的永固，离不开历代王朝的重视和维护。据史书记载，自明代永乐十年到嘉靖三十四年，卢沟桥先后维修 6 次。清朝时期永定河水势浩大，时常

暴发洪水,致使卢沟桥受损严重。因此清代自康熙元年至光绪年间,共修桥7次,其中有两次大修。康熙帝在桥西头立碑,记述了重修卢沟桥始末;乾隆帝则亲题"卢沟晓月",立碑于桥头。

记者:卢沟桥不语,却承载了太多的历史。近代一场关乎民族生死存亡的战争再次把它推向了巅峰。卢沟桥从一座古老的桥、华美的桥,一跃成为见证中华民族奋起抗争的战斗之桥、精神之桥。

配音:1937年7月7日夜,日军在北平西南卢沟桥附近演习时,借口一名士兵"失踪",要求进入宛平县城搜查,遭到中国守军第29军严词拒绝。7月8日凌晨5时左右,日军向中国守军发动进攻,炮轰宛平城。第29军奋起抗战。这就是震惊中外的"七七事变",又称"卢沟桥事变"。

"七七事变"是日本帝国主义全面侵华战争的开始,也是中华民族进行全面抗战的起点,中华民族长达八年艰苦卓绝的全面抗日战争就此拉开序幕。

记者:"卢沟桥!卢沟桥!男儿坟墓在此桥!最后关头已临到,牺牲到底不屈挠……"这首创作于"七七事变"之后的《卢沟桥歌》词曲作者不详,但现在听来,卢沟桥抗战官兵视死如归的铁血豪情依然令我们为之动容。

卢沟巍巍,永定悠悠,流淌万年的永定河又何尝不是这段历史的见证者。让我们永远铭记:国耻勿忘,继往开来!

三生三世

南海子

14

记者： 追随着河流的脚步，来到了北京市大兴区，我们把采访的重点放在了南海子，历史上这里是北京地区最大的湿地，在千年的风雨中，南海子经历了从皇家猎场到庄园农场甚至采砂场、垃圾场再到生态公园的历史性转变，其命运可谓一波三折，跌宕起伏。

配音： 南海子又称南苑，因苑内有永定河故道穿过，形成大片湖泊沼泽，因此又叫作"南海子"。历史上的南海子包括了今天的亦庄、旧宫、大红门、南苑、西红门、黄村等地。

辽、金、元、明、清五朝皇家猎场和元、明、清三朝皇家苑围，成就了南海子历史上的显赫地位。"南囿秋风"早在明朝时期就与"卢沟晓月""西山晴雪"等一起被列在"燕京十景"当中。

记者： 早在辽国时期，南海子附近就成为辽国皇帝从事渔猎活动的地方；同样看好这片湿地的元世祖忽必烈将其命名为"下马飞放泊"，即下马就能放鹰狩猎的水泊。明成祖朱棣将南海子进行了扩建，筑墙80千米；清王朝继续在这里大兴土木，修建起四座行宫。

配音： 从明英宗时期到光绪年间，先后有十二位封建皇帝到南海子行围打猎。康熙执政期间还在这里多次举行盛大的阅兵，史称"南苑大阅"。可见南海子虽没有圆明园、颐和园之精美，但其广阔幽深的野趣也同样魅力无穷。

遗憾的是这块湿地在历史的长河中几经波折变迁，在几十年前又因挖沙取土、垃圾填埋、工业污染等因素，逐步衰落为环境脏乱差的城郊地区。

近些年，随着国家对生态环境保护的高度重视和大力投入，南海子又迎来新的涅槃。南海子公园成为北京城市总体规划和北京绿地系统规划确定的四大郊野公园之一，市政府的"北京城南行动计划"将公园建设列入重点生态公益项目加以推进。公园一期于 2010 年 9 月开园，2019 年 7 月底南海子公园二期也正式开园迎客。

据了解，建成后的南海子公园总面积达 8.01 平方千米，水域面积 150 公顷，种植乔灌木约 53 万株，地被植物 400 余万平方米，水生植物约 14 万平方米，变身成为"大自然中的自然博物馆"。是一座集生态、休闲、科普、人文为一体的自然公园，成为南城地区目前最大的"绿肺"。

记者：说起南海子，再来讲一段关于麋鹿的故事。麋鹿又称"四不像"，是我国的特有动物，距今已有 200 多万年的繁衍历史，曾在我国广泛分布，是与大熊猫齐名的稀有珍兽。

到了明清时期，我国野生的麋鹿早已灭绝，最后一群麋鹿辛存在了"南海子"皇家猎苑中。

配音：然而，1890 年，由于永定河水泛滥，冲破了南苑的围墙，逃散的麋鹿成为饥民们的果腹之物。1900 年八国联军侵入北京，"南海子"围场的麋鹿被彻底杀掠一空，从此麋鹿在中国销声匿迹。直到 1985 年，中英两国政府共同启动了麋鹿重引进项目，这样麋鹿才踏上了东归的征程，在流落海外近一百年后又重新返回南海子。国家在南海子专门成立了麋鹿生态实验中心，建成麋鹿苑。如今这里已成为世界第二大麋鹿苑。

【同期采访】麋鹿苑工作人员：罗兵

繁殖最多的时候有 500 多只，陆续送到各地保护区或回归大自然，目前苑内还有 170 多只。我们的工作就是为了让麋鹿种群能够延续下去，保护国宝。

记者：从科学发现到本土灭绝，从漂泊海外到重返故里，从物种繁育到种群复兴。一个多世纪以来，麋鹿演绎的故事同南海子的变迁又是何等相似。这种颓废与兴盛，重生到勃发无不折射出国运的兴衰。

15

献一河碧水

造千里画廊

配音： 浩浩汤汤340万年，西来东去747千米。这是一条事关京畿命脉和百姓福祉的大河，这是一条贯穿京津晋冀的历史文脉和生态走廊。2019年春，黄河与永定河在山西实现历史性首次"牵手"，一路奔流进京，曾经断流了30多年的永定河再次澄波荡漾，一河碧水；金秋九月，山西大同，御河孤山水库——得大高速桥段综合整治工程建设紧锣密鼓，全速推进；河北张家口，洋河综合整治工程第1标段、清水河综合整治工程如火如荼，全力冲刺。

大规划、大手笔、新蓝图，在国家层面推动下的永定河流域综合治理与生态修复工程，大幕已经徐徐拉开。

历史上，永定河一直是海河流域"六河五湖"中的重要河流之一，是串联京津晋冀地区的生态大动脉。

20世纪60年代以来，受多种因素影响，永定河水量减少，河道断流，生态恶化。为了让这条河恢复往日生机，实现清水长流，有效改善区域自然生态环境，推进京津冀协同发展，2015年4月，中共中央政治局会议审议通过了《京津冀协同发展规划纲要》，明确提出要对包括永定河在内的"六河五湖"进行全面综合治理与生态修复。

在这一纲要的指引下，涉及永定河流域综合治理与生态修复的各类文件及相关措施陆续出台。2016年12月，国家发展改革委、水利部、国家林业和草原局联合印发《永定河综合治理与生态修复总体方案》；2017年6月，国家发展改革委印发《关于组建永定河流域治理投资公司的指导意见》，由京津冀晋四省（市）人民政府和战略投资方中国交通建设集团共同出资组建永定河流域投资有限公司，2018年6月，在北京正式揭牌成立。

可以说，成立永定河流域公司，是习近平生态文明思想和新时期治水方针的深入探索，是国家关于京津冀协同发展在生态领域率先实现突破的战略意图和顶层设计，是我国流域治理模式的一次大胆创新。同时也拉开了建设永定河绿色生态河流廊道、打造全国流域治理"永定河样本"的序幕。

【同期采访】永定河流域投资有限公司副总经理：杜国志

永定河综合治理与生态修复同时提出了"两个阶段性目标"和"一个总体目标"。"两个阶段性目标"，一是到 2020 年，河道生态水量达到 2.6 亿立方米，初步形成永定河绿色生态河流廊道；二是到 2025 年，河流生态水量得到有效保障，水功能区和水质进一步改善，生态环境质量进一步提升，基本建成永定河绿色生态河流廊道。

"一个总体目标"，是通过治理修复，将永定河恢复成为"流动的河、绿色的河、清洁的河、安全的河"。这个"四河"目标也是永定河治理全部工作的出发点和落脚点。

配音：永定河流域综合治理与生态修复项目，地跨山西、河北、北京、天津四省（市），项目涵盖农业节水与种植结构调整、水量配置与用水保障、河道综合整治、河道防护林、水源涵养林建设、水源地保护及地下水压采等 7 个方面 78 项重点工程，总投资达 370 亿元。

【同期采访】永定河流域投资有限公司副总经理：杜国志

永定河流域投资公司的主要职责是负责永定河综合治理与生态修复项目的总体实施和投融资运作，统筹管理国家和沿线各级地方政府用于永定河综合治理与生态修复的资金，受托统一管理运营流域内相关工程和资产。同时，与流域沿线政府紧密对接，政企结合，两手发力，通过生态环境改善提升流域发展质量，促进当地产业结构优化并提供新的发展动能，实现经济效益、社会效益和环境效益共同提升和高质量发展。

永定河纪行 >>

配音：献一河碧水，造千里画廊。治理河长 865 千米，新建河道防护林 1.54 万公顷；新建改造河道湿地公园、郊野森林公园总面积 3547 公顷；开展水资源监控体系建设，构建智慧永定河管理平台。这些都将成为永定河流域投资有限公司今后一个时期的工作目标和努力方向。

"建生态廊道，促区域发展，树治理样本"，使命与责任，情怀与担当。我们相信，在习近平生态文明思想指引下，肩负历史重任的永定河治水人一定会不辱使命、砥砺奋进，将永定河打造成为一条"流动的河、绿色的河、清洁的河、安全的河"，再现河道清水长流、湖泊荡漾涟漪、沿岸绿树连绵、城乡山川相融的自然山水风貌。

把行走千里
的故事说与

16

渤海

配音： 穿峡击石，走马平川，润泽京华。永定河流至北京市大兴区崔指挥营村附近时，便结束了在北京段长达 170 千米的行程，接下来这条河将流经河北省廊坊市的固安县、永清县、安次区、广阳区等地，至天津市北辰区屈家店入永定新河后由北塘流入渤海。我们跨越三年多的寻河之旅和逐梦之旅也将画上圆满的句号。

三年来，我们重视这条河，亲近这条河，努力还原她历史上的波澜壮阔，或喜或悲于她的丰盈或者枯竭。幸运的是，无数的爱河人、护河人不断加入我们的队伍。

记者： 天津市北塘经济区，永定新河的防潮闸，面对近在咫尺的渤海，该说些什么呢？就把我们这行走千里的故事说与她听吧。

配音： 时光流转，2016 年 5 月 10 日，按照"先上溯河源，再沿河而下，分期分段拍摄"的工作计划，我们启动了《桑干行》的拍摄工作，这也成为电视台第一档大型跨省、跨区域采访栏目。

《桑干行》以水为线索，从当下普通百姓的生活入手，寻找桑干河文明变迁的历史印记，聚焦桑干河沿岸的新变化、新发展，力求全方位展示该流域的自然人文之美。

2018 年 5 月，作为《桑干行》的衍生品，书籍《大河桑干》也正式出版发行，该书 34 章 28 万字，记录了我们行走千里桑干期间的所见、所闻、所感，以及对大河历史的深层思考。

2018 年 6 月，关于桑干河的话题仍在继续，经过充分筹备，《桑干行》第二季，也是其姊妹篇，十二集讲述类栏目《涿水鹿山话桑干》正式开机，并于当年 9 月实现首播。

2019 年 7 月，为迎接中华人民共和国成立 70 周年，作为献礼节目，我们推出了本次《桑干行》系列的第三季"壮丽 70 年·阔步新时代"大型系列专题报道《永定行》。

三年来，我们探访河源的神秘，执着于主流和支脉的求索，从管涔山麓到渤海之滨，从北岳恒山到京西妙峰山，从大同云冈石窟到延庆的古崖居，从古人类遗址泥河湾到中华文明的发祥地涿鹿，从朔州的窑洞到爨底下的古民居，在来来回回近 2 万千米的行程中，我们一路蹚河、登山、望楼、寻村，栉风沐雨，也看到了这条河在不同地域的盈枯，直观地感受着沿河城市因水而生的灵性和大美。

我们经历了不同的事，欣赏了各异的景；我们认识这条河，熟悉这条河，钟情于这条河；我们知道了发生在沿河的精彩故事，感受了这条河的与众不同；我们行走于古寺、深山、村镇、古堡、遗址、边墙，在行走中感受着都市的喧嚣、巷陌的清寂。

我们领略了宁武的神奇，天池的秀美，长城的雄浑，木塔的威仪；我们听着右玉道情戏，又去体味"走西口"的眼泪；我们从平鲁区大妈香喷喷的油炸糕里感受着沿河儿女的热情，我们在绿浪跌宕的阡陌间体味着千里桑干的滋养和哺育；我们更为马栏、长辛店的红色历史所深深震撼……

同属一脉的桑干永定，不知书写了多少传奇？

当然，我们更欣慰于沿河群众对这条河的热爱和牵挂，我们惊喜地看到：在国家层面推动下的永定河流域综合治理与生态修复工程已全面铺开。

"千里清流，百川归海"，这一凝聚着几代人殷殷期盼的伟大梦想正在一步步成为现实！我们相信，不久的将来，永定河天津段也会水色天光，云影徘徊。

　　记者：我们将这些行走历程说与渤海，海涛拍岸，似在回应。其实关于这条河的故事和我们同这条大河的故事还远远没有结束。今后，我们仍将会以不同的节目形态和传播方式来继续关注这条河流。

　　最后，真诚感谢您的关注和支持，就让我们在这清爽的海风里道别，轻轻地说一声：再见！

跋

　　早些年拜余读秋雨先生大作《文化苦旅》，心头总是肃然。阳关雪、西湖梦、都江堰、莫高窟……他用眼力心力、笔力和脚力丈量出的文化山河终成时代大观。曾有人问先生："读万卷书，行万里路，两者关系如何？"先生回答："没有两者，路就是书。"

　　"愿你我可以带着最微薄的行李和最丰盛的自己在世间流浪。"我时常艳羡中国当红作家大冰的快意人生。他的主业是节目主持人，却又能给自己的人生增添更加丰富的戏码，客串成民谣歌手、油画画师、背包客、甚至云南丽江的酒吧老板。他以多元的身份特征体验人生况味，亦用行走的方式来清煮岁月，然后把醇醇幽香注入书页，其豪放不羁的文笔如心灵鸡汤，感性、熨帖、温暖而柔软。

　　其实抛开秋雨先生读书与行路之间所暗藏的、关于理论与实践的哲学思辨和人生玄机，我们把其关系简单到一本书的写作，就会得出这样一个结论——没有路就没有书！创作历程基于心路，亦基于行路。没有行走的感悟和亲历怎么可能有感而发，继而笔墨留香？

　　路是书的发端和载体，书则是路的归宿和升华。我们是否可以这样说呢？

　　岁月不居，时节如流。我们平凡而平庸，生活琐碎而繁杂。我们顺应迁变、珍惜当下、轻安喜乐，拿起放下。我们的人生拥有大大小小的目标和梦想，而夹在这目标与梦圆之间的皆是些或长或短的路。

　　我要再次感谢我的职业，能够把自己的梦想爱好与本职工作紧密结合起来，也感谢各界鼎力支持，使我最终圆梦，完成这本书的写作与出版。

　　说实话，我没有成为作家的潜质，更不愿消受"爬格子"的清苦，之所以写书是因为行走的结果，或者说写书本不是目的，只是太需要用一些平凡的文字来抒怀达意，去述说和歌颂我心中这条神圣的河流。

　　最后，特别感谢尊敬的来广普书记拨冗为此书作序；感谢刘英杰部长的关怀、关注。希望这本书的出版能为这条河流的保护与发展、实现清流千里的目标献上绵薄之力。也祈愿大家开卷有益，通过愚作更多地了解这条河流史诗般的风华过往，穿峡击石、勠力向前的当下，和以梦为马、光明盛大的未来。

张凯然

2020 年 12 月 9 日